William Steffen

Egmont - ein Trauerspiel

Mit Anmerkungen zum Übersetzen ins Englishche

William Steffen

Egmont - ein Trauerspiel
Mit Anmerkungen zum Übersetzen ins Englishche

ISBN/EAN: 9783743438064

Hergestellt in Europa, USA, Kanada, Australien, Japan

Cover: Foto ©ninafisch / pixelio.de

Weitere Bücher finden Sie auf **www.hansebooks.com**

Personen.

Margareta von Parma, Tochter Carl's des Fünften, Regentin der Niederlande.
Graf Egmont, Prinz von Gaure.
Wilhelm von Oranien.
Herzog von Alba.
Ferdinand, sein natürlicher Sohn.[1]
Macchiavell, im Dienste der Regentin.
Richard, Egmont's Geheimschreiber.[2]
Silva, } unter Alba dienend.
Gomez,
Clärchen, Egmont's Geliebte.
Ihre Mutter.
Brackenburg, ein Bürgersohn.
Soest, Krämer,
Jetter, Schneider,   } Bürger von Brüssel.
Zimmermann,
Seifensieder,
Buyck, Soldat unter Egmont.
Ruysum, Invalide und taub.
Vansen, ein Schreiber.
Volk, Gefolge, Wachen u. s. w.

Der Schauplatz ist in Brüssel.

---

[1] bastard son. [2] private secretary.

Erster Aufzug.

Armbrustschießen.

Soldaten und Bürger mit Armbrüsten.

Jetter, Bürger von Brüssel, Schneider, tritt vor und spannt die Armbrust.¹ Soest, Bürger von Brüssel, Krämer.

Soest. Nun schießt nur hin,² daß es alle wird! Ihr nehmt mir's doch nicht!³ Drei Ringe schwarz, die habt ihr eure Tage nicht geschossen.⁴ Und so wär' ich für dieß Jahr Meister.⁵

Jetter. Meister und König⁶ dazu. Wer mißgönnt's euch! Ihr sollt dafür auch die Zeche doppelt bezahlen;⁷ ihr sollt eure Geschicklichkeit bezahlen, wie's recht ist.⁸

Buyck (ein Holländer, Soldat unter Egmont). Jetter, den Schuß handl' ich euch ab,⁹ theile den Gewinnst, tractire die Herren: ich bin so schon lange hier und für viele Höflichkeit Schuldner. Fehl' ich, so ist's, als wenn ihr geschossen hättet.¹⁰

Soest. Ich sollte drein reden;¹¹ denn eigentlich¹² verlier' ich dabei. Doch, Buyck, nur immerhin!¹³

Buyck (schießt). Nun, Pritschmeister, Reverenz!¹⁴ — Eins! Zwei! Drei! Vier!

---

¹Bends the bow. ²Fire away and have done with it. ³You can't beat me. ⁴You had not such a score in all your life. ⁵So I am the best shot, this year. ⁶In Germany the winner of the prize in a shooting match is called Schützenkönig. ⁷You shall pay a double share (for the entertainment). ⁸That's but fair. ⁹I make a bargain with you for the shot. ¹⁰If I should miss, the shot shall count for you. ¹¹I should object. ¹²In fact. ¹³Go it. ¹⁴my respects.

Soest. Vier Ringe! Es sei!
Alle. Vivat, Herr König, hoch! und abermal hoch!¹
Buyck. Danke, ihr Herren. Wäre² Meister zu viel! Danke für die Ehre.
Jetter. Die habt ihr euch selbst zu danken.
Ruysum (ein Friesländer, Invalide und taub). Daß ich euch sage!³
Soest. Wie ist's, Alter?⁴
Ruysum. Daß ich euch sage! — Er schießt wie sein Herr, er schießt wie Egmont.
Buyck. Gegen ihn bin ich nur ein armer Schlucker.⁵ Mit der Büchse trifft er erst, wie keiner⁶ in der Welt. Nicht etwa⁷, wenn er Glück oder gute Laune hat; nein! wie er anlegt, immer rein schwarz geschossen⁸. Gelernt habe ich von ihm. Das wäre auch ein Kerl⁹, der bei ihm diente und nichts von ihm lernte. — Nicht zu vergessen, meine Herren! Ein König nährt seine Leute; und so, auf des Königs Rechnung, Wein her!
Jetter. Es ist unter uns ausgemacht¹⁰, daß jeder —
Buyck. Ich bin fremd und König, und achte¹¹ eure Gesetze und Herkommen nicht.
Jetter. Du bist ja ärger,¹² als der Spanier; der hat sie uns doch bisher lassen müssen.
Ruysum. Was?
Soest (laut). Er will uns gastiren: er will nicht haben, daß wir zusammenlegen¹³, und der König nur das Doppelte zahlt.
Ruysum. Laßt ihn! doch ohne Präjudiz!¹⁴ Das ist auch seines Herrn Art, splendid¹⁵ zu sein, und es laufen zu lassen, wo es gedeiht.¹⁶

(Sie bringen Wein.)

---

¹Three cheers for the king, hip, hip, hurrah. ²would be. ³I say. ⁴What's the matter, old man? ⁵a poor hand. ⁶And as a rifle shot he has no equal. ⁷Not only. ⁸he hits the bull's eye as often as he takes aim. ⁹He would be a stupid fellow. ¹⁰We have agreed. ¹¹I don't care for. ¹²worse than. ¹³he doesn't want us to club together. ¹⁴But must not serve as a precedent. ¹⁵liberal. ¹⁶to spend his money freely, when there is a good opportunity.

Alle. Ihro Majeſtät Wohl! Hoch!
Jetter (zu Buyck). Verſteht ſich Eure Majeſtät.
Buyck. Danke von Herzen, wenn's doch ſo ſein ſoll.
Soeſt. Wohl! denn unſerer Spaniſchen Majeſtät Geſundheit trinkt nicht leicht² ein Niederländer von Herzen.
Ruyſum. Wer?
Soeſt (laut). Philipps des Zweiten, Königs in Spanien.
Ruyſum. Unſer allergnädigſter König und Herr! Gott geb' ihm langes Leben!
Soeſt. Hattet ihr ſeinen Herrn Vater, Carl den Fünften, nicht lieber?³
Ruyſum. Gott tröſt' ihn! Das war ein Herr! Er hatte die Hand über den ganzen Erdboden, und war euch alles in allem; und wenn er euch begegnete, ſo grüßt' er euch, wie ein Nachbar den andern; und wenn ihr erſchrocken wart, wußt' er mit ſo guter Manier — Ja, verſteht mich — Er ging aus, ritt aus, wie's ihm einkam,⁴ gar⁵ mit wenig Leuten. Haben wir doch alle geweint, wie er ſeinem Sohn das Regiment hier abtrat — ſagt' ich, verſteht mich — der iſt ſchon anders, der iſt majeſtätiſcher.

Jetter. Er ließ ſich nicht ſehen, da⁶ er hier war, als in Prunk und königlichem Staate. Er ſpricht wenig, ſagen die Leute.

Soeſt. Es iſt kein Herr für uns Niederländer. Unſre Fürſten müſſen froh und frei ſein, wie wir, leben und leben laſſen. Wir wollen nicht verachtet noch gedruckt ſein, ſo gutherzige Narren wir auch ſind.⁷

Jetter. Der König, denk' ich, wäre wohl ein gnädiger Herr, wenn er nur beſſere Rathgeber hätte.

Soeſt. Nein, nein! Er hat kein Gemüth⁸ gegen uns Niederländer, ſein Herz iſt dem Volke nicht geneigt,⁹ er liebt uns nicht; wie können wir ihn wieder¹⁰ lieben? Warum iſt

---

¹Must. ²not likely. ³Didn't you like his father better? ⁴just as he thought convenient. ⁵very. ⁶while. ⁷good natured fools though we may be. ⁸affection. ⁹his heart is not with the people. ¹⁰in return.

alle Welt dem Grafen Egmont so hold?¹ Warum trügen wir ihn alle auf den Händen?² Weil man ihm ansieht,³ daß er uns wohl will; weil ihm die Fröhlichkeit, das freie Leben, die gute Meinung aus den Augen sieht,⁴ weil er nichts besitzt, das er dem Dürftigen nicht mittheilte,⁵ auch dem, der's nicht bedarf. Laßt den Grafen Egmont leben! Buyck, an euch ist's,⁶ die erste Gesundheit zu bringen!⁷ Bringt eures Herrn Gesundheit aus!

Buyck. Von ganzer Seele denn: Graf Egmont hoch!⁸
Ruysum. Ueberwinder bei St. Quintin.
Buyck. Dem Helden von Gravelingen!
Alle. Hoch!
Ruysum. St. Quintin war meine letzte Schlacht. Ich konnte kaum mehr fort,⁹ kaum die schwere Büchse mehr schleppen. Hab' ich doch den Franzosen noch eins auf den Pelz gebrennt,¹⁰ und da kriegt' ich zum Abschied noch einen Streifschuß an's rechte Bein.¹¹

Buyck. Gravelingen! Freunde! da ging's frisch!¹² Den Sieg haben wir allein. Brannten und sengten¹³ die Wälschen Hunde nicht durch ganz Flandern?¹³ Aber ich mein', wir trafen sie!¹⁴ Ihre alten handfesten Kerle¹⁵ hielten lange wider¹⁶ und wir drängten und schossen und hieben, daß sie die Mäuler verzerrten und ihre Linien zuckten.¹⁷ Da ward Egmont das Pferd unter dem Leibe niedergeschossen,¹⁸ und wir stritten lange hinüber, herüber, Mann für Mann, Pferd gegen Pferd, Hause mit Hause,¹⁹ auf dem breiten flachen Sand an der See hin.²⁰ Auf einmal kam's, wie vom Himmel herunter, von der Mündung des Flusses, bav, bau! immer mit Kanonen in die Franzosen drein.²¹ Es waren

---

¹fond. ²Why are we willing to do anything for him? ³You read in his face. ⁴he looks the very &c. ⁵share. ⁶it is your privilege. ⁷to give us the first toast. ⁸here is to count. ⁹drag myself along. ¹⁰Had another shot at. ¹¹got as a parting gift a flesh wound in my right leg. ¹²there was sharp work. ¹³Didn't the French dogs carry destruction through. ¹⁴Didn't we give it them though. ¹⁵brawny fellows. ¹⁶held out. ¹⁷their lines (of battle) wavered. ¹⁸was shot under him. ¹⁹co'u'nn. ²⁰along. ²¹right into the Frenchmen.

Engländer, die unter dem Admiral Malin von zu gefähr von Dünkirchen her vorbeifuhren.¹ Zwar viel halfen sie uns nicht; sie konnten nur mit den kleinsten Schiffen herbei,² und das nicht nah genug! schossen auch wohl unter uns — es that doch gut! Es brach die Wälschen und hob unsern Muth. Da ging's! rick! rack! herüber, hinüber! Alles todtgeschla=gen,³ alles in's Wasser gesprengt.⁴ Und die Kerle ersoffen, wie sie das Wasser schmeckten; und was wir Holländer wa=ren, grad' hintendrein. Uns, die wir beidlebig⁵ sind, ward erst wohl⁶ im Wasser wie den Fröschen; und immer die Feinde im Fluß zusammengehauen,⁷ weggeschossen⁸ wie die Enten. Was nun noch durchbrach, schlugen euch auf der Flucht die Bauernweiber mit Hacken und Mistgabeln todt. Mußte doch die Wälsche Majestät gleich das Pfötchen rei=chen⁹ und Friede machen. Und den Frieden seid ihr uns schuldig, dem großen Egmont schuldig.

Alle. Hoch! dem großen Egmont hoch! und abermal hoch! und abermal hoch!

Jetter. Hätte man uns den statt der Margarete von Parma zum Regenten gesetzt!

Soest. Nicht so!¹⁰ wahr bleibt wahr! Ich lasse mir Margareten nicht schelten.¹¹ Nun ist's an mir.¹² Es lebe unsere gnäd'ge Frau!

Alle. Sie lebe!

Soest. Wahrlich, treffliche Weiber sind in dem Hause. Die Regentin lebe!

Jetter. Klug ist sie, und mäßig in allem, was sie thut; hielte sie's nur nicht so steif und fest mit¹³ den Pfaffen. Sie ist doch auch mit schuld, daß wir die vierzehn neuen Bischofsmützen im Lande haben. Wozu die nur sollen?¹⁴ Nicht wahr, daß¹⁵ man Fremde in die guten Stellen ein-

---

¹ sailed past. ² approach. ³ killed. ⁴ driven. ⁵ We — being amphibious. ⁶ felt but the more comfortable. ⁷ cut down. ⁸ shot down. ⁹ Hadn't his French Majesty to come to terms at once. ¹⁰ By no means. ¹¹ be abused. ¹² my turn. ¹³ would, however, she didn't favor the priests so much. ¹⁴ What is the use of them. ¹⁵ Isn't it because.

schieben kann, wo sonst Aebte aus den Kapiteln gewählt¹ wurden? Und wir sollen² glauben, es sei um der Religion willen. Ja es hat sich.³ An drei Bischöfen hatten wir genug: da ging's ehrlich und ordentlich zu. Nun muß doch auch jeder thun,⁴ als ob er nöthig wäre, und da setzt's⁵ allen Augenblick Verdruß und Händel. Und je mehr ihr das Ding rüttelt und schüttelt, desto trüber wird's.⁶ (Sie trinken.)

Soest. Das war nun des Königs Wille; sie kann nichts davon, noch dazu thun.

Jetter. Da sollen wir nun die neuen Psalmen nicht singen; sie sind wahrlich gar schön in Reimen gesetzt,⁷ und haben recht erbauliche Weisen.⁸ Die sollen wir nicht singen; aber Schelmenlieder,⁹ so viel wir wollen. Und warum? Es seien Ketzereien drin, sagen sie, und Sachen, Gott weiß. Ich hab' ihrer doch auch gesungen; es ist jetzt was Neues, ich hab' nichts¹⁰ drin gesehen.

Buyck. Ich wollte sie fragen!¹¹ In unsrer Provinz singen wir, was wir wollen. Das macht, daß¹² Graf Egmont unser Statthalter ist; der fragt nach so etwas nicht.¹³ — In Gent, Ypern, durch ganz Flandern singt sie, wer Belieben hat.¹⁴ (Laut). Es ist ja wohl nichts unschuldiger, als ein geistlich Lied? Nicht wahr, Vater?

Ruysum. Ei wohl! Es ist ja ein Gottesdienst, eine Erbauung.

Jetter. Sie sagen aber, es sei nicht auf die rechte Art, nicht auf ihre Art; und gefährlich ist's doch immer, da läßt man's lieber sein.¹⁵ Die Inquisitionsdiener schleichen herum und passen auf,¹⁶ mancher ehrliche Mann ist schon unglücklich geworden. Der Gewissenszwang fehlte noch!¹⁷ Da

---

¹elected. ²We are to believe. ³Not a bit of it. ⁴make a show. ⁵and then there are. ⁶The more you agitate the question, the gloomier it grows. ⁷put into verse. ⁸melody. ⁹ribald songs. ¹⁰any harm. ¹¹Ask their permission, indeed! ¹²That's because. ¹³doesn't care a straw for it. ¹⁴any one, who likes. ¹⁵you had better leave it alone. ¹⁶spy. ¹⁷Constraint put on our conscience was yet wanting.

ich nicht thun darf, was ich möchte, können sie mich doch
denken und singen lassen, was ich will.

Soest. Die Inquisition kommt nicht auf.¹ Wir sind
nicht gemacht, wie die Spanier, unser Gewissen tyrannisiren
zu lassen. Und der Adel muß auch bei Zeiten suchen, ihr
die Flügel zu beschneiden.²

Jetter. Es ist sehr fatal.³ Wenn's den lieben Leuten
einfällt,⁴ in mein Haus zu stürmen, und ich sitz' an⁵ meiner
Arbeit, und summe just einen Französischen Psalm, und denke
nichts dabei,⁶ weder Gutes noch Böses, ich summe ihn aber,
weil er mir in der Kehle ist, gleich⁷ bin ich ein Ketzer und
werde eingesteckt.⁸ Oder ich gehe⁹ über Land, und bleibe bei
einem Haufen Volks stehen, das einem neuen Prediger zu=
hört, einem von denen, die aus Deutschland gekommen sind,
auf der Stelle¹⁰ heiß' ich ein Rebell, und komme in Gefahr,
meinen Kopf zu verlieren. Habt ihr je einen predigen hören?

Soest. Wackre Leute. Neulich hört' ich einen auf dem
Felde vor tausend und tausend Menschen sprechen. Das war
ein ander Geköch,¹¹ als wenn unsre auf der Kanzel herum=
trommeln und die Leute mit lateinischen Brocken erwürgen.
Der sprach von der Leber weg;¹² sagte, wie sie uns bisher
hätten bei der Nase herumgeführt, uns in der Dumm=
heit erhalten, und wie wir mehr Erleuchtung haben könnten.
— Und das bewies er euch alles aus¹³ der Bibel.

Jetter. Da mag doch auch was dran sein.¹⁴ Ich sagt's
immer selbst, und grübelte so über die Sache nach. Mir ist's
lang im Kopf herumgegangen.¹⁵

Buyck. Es läuft ihnen auch alles Volk nach.¹⁶

Soest. Das glaub' ich, wo man was Gutes hören
kann und was Neues.

---

¹can not take root here. ²clip. ³It's too bad. ⁴If these
worthies take it into their heads. ⁵at. ⁶without thinking of anything particular. ⁷straightway. ⁸clapped into prison. ⁹travel
¹⁰directly. ¹¹broth. ¹²That was plain speaking. ¹³from. ¹⁴There
must be something in it, no doubt. ¹⁵I couldn't help thinking
about it. ¹⁶There is a perfect rush to hear them.

Jetter. Und was ist's denn nun?¹ Man kann ja einen jeden predigen lassen nach seiner Weise.²

Buyck. Frisch, ihr Herren!³ Ueber dem Schwätzen vergeßt ihr den Wein und Oranien.

Jetter. Den nicht zu vergessen. Das ist ein rechter Wall: wenn man nur an ihn denkt, meint man gleich, man könne sich hinter ihn verstecken, und der Teufel brächte einen nicht hervor.⁴ Hoch! Wilhelm von Oranien, hoch!

Alle. Hoch! hoch!

Soest. Nun, Alter, bring' auch deine Gesundheit!

Ruysum. Alte Soldaten! Alle Soldaten! Es lebe der Krieg!

Buyck. Bravo, Alter! Alle Soldaten! Es lebe der Krieg.

Jetter. Krieg! Krieg! Wißt ihr auch, was ihr ruft? Daß es euch leicht⁶ vom Munde geht, ist wohl natürlich; wie lumpig aber unser einem dabei zu Muthe ist⁷, kann ich nicht sagen⁸. Das ganze Jahr das Getrommel zu hören; und nichts zu hören, als wie da ein Haufen gezogen kommt⁹ und dort ein andrer, wie sie über einen Hügel kamen und bei einer Mühle hielten¹⁰, wie viel da geblieben sind¹¹, wie viel dort, und wie sie sich drängen, und einer gewinnt, der andre verliert, ohne daß man sein' Tage¹² begreift, wer was gewinnt oder verliert. Wie eine Stadt eingenommen wird, die Bürger ermordet werden, und wie's den armen Weibern, den unschuldigen Kindern ergeht¹³. Das ist eine Noth und Angst, man denkt jeden Augenblick: „Da kommen sie! Es geht uns auch so."

Soest. Drum muß auch ein Bürger immer in Waffen geübt sein.

Jetter. Ja, es übt sich, wer Frau und Kinder hat.

---

¹What danger is there. ²after his own fashion. ³Come, sirs. ⁴the very devil could not get at him. ⁵Three cheers for the war. ⁶glibly. ⁷how miserable people like me feel. ⁸no words can express. ⁹marching along. ¹⁰halted. ¹¹have been killed. ¹²ever. ¹³what has been the fate.

Und doch hör' ich noch lieber· von Soldaten, als ich sie sehe.

Buyck. Das sollt' ich übel nehmen.²

Jetter. Auf euch ist's nicht gesagt,³ Landsmann. Wie⁴ wir die Spanischen Besatzungen los waren,⁵ holten wir wieder Athem.⁶

Soest. Gelt! die lagen dir am schwersten auf?⁷

Jetter. Vexir' Er sich!⁸

Soest. Die hatten scharfe Einquartierung bei dir.⁹

Jetter. Halt' dein Maul!

Soest. Sie hatten ihn vertrieben aus der Küche, dem Keller, der Stube — dem Bette.

(Sie lachen.)

Jetter. Du bist ein Tropf.¹⁰

Buyck. Friede, ihr Herren! Muß der Soldat Friede rufen? — Nun¹¹ da ihr von uns nichts hören wollt, nun bringt auch eure Gesundheit aus, eine bürgerliche Gesundheit.¹²

Jetter. Dazu sind wir bereit! Sicherheit und Ruhe!

Soest. Ordnung und Freiheit!

Buyck. Brav! das sind auch wir zufrieden.

(Sie stoßen an¹³ und wiederholen föblich die Worte, doch so, daß jeder ein anderes ausruft, und es eine Art Canon wird. Der Alte horcht und fällt endlich auch mit ein.¹⁴)

Alle. Sicherheit und Ruhe! Ordnung und Freiheit!

Palast der Regentin.

Margarete von Parma, in Jagdkleidern. Hofleute. Pagen. Bediente.

Regentin. Ihr stellt das Jagen ab;¹⁶ ich werde heut

---

¹ I will hear of soldiers rather than see them. ² I should take offence. ³ That had no reference to you. ⁴ When. ⁵ got rid of. ⁶ We breathed more freely again. ⁷ They were a sad burden on you, were they not? ⁸ Mind your own business. ⁹ They made short work with you. ¹⁰ dunce. ¹¹ Well, as.... ¹² citizen's toast ¹³ hobnob. ¹⁴ joins. ¹⁵ Countermand the chase.

nicht reiten. Sagt Macchiavellen, er soll zu mir kommen.

(Alle gehen ab.)

Der Gedanke an diese schrecklichen Begebenheiten läßt mir keine Ruhe! Nichts kann mich ergötzen, nichts mich zerstreuen;¹ immer sind diese Bilder,² diese Sorgen vor mir. Nun wird der König sagen, dieß sei'n die Folgen meiner Güte, meiner Nachsicht; und doch sagt mir mein Gewissen jeden Augenblick, das Räthlichste, das Beste gethan zu haben. Sollte ich früher mit dem Sturme des Grimmes diese Flammen anfachen und umhertreiben? Ich hoffte sie zu umstellen,³ sie in sich selbst zu verschütten.⁴ Ja, was ich mir selbst sage, was ich wohl weiß, entschuldigt mich vor mir selbst; aber wie wird es mein Bruder aufnehmen?⁵ Denn ist es zu läugnen? Der Uebermuth der fremden Lehrer hat sich täglich erhöht;⁶ sie haben unser Heiligthum gelästert,⁷ die stumpfen Sinne des Pöbels zerrüttet⁸ und den Schwindelgeist unter sie gebannt.⁹ Unreine Geister haben sich unter die Aufrührer gemischt, und schreckliche Thaten sind geschehen,¹⁰ die zu denken¹¹ schauderhaft ist, und die ich nun einzeln¹² nach Hofe zu berichten habe, schnell und einzeln,¹³ damit¹⁴ mir der allgemeine Ruf nicht¹⁴ zuvorkomme,¹⁵ damit¹⁴ der König nicht¹⁴ denke, man wolle noch mehr verheimlichen. Ich sehe kein Mittel, weder strenges noch gelindes, dem Uebel zu steuern.¹⁶ O was sind wir Großen auf der Woge der Menschheit? Wir glauben sie zu beherrschen,¹⁷ und sie treibt uns auf und nieder, hin und her.

Macchiavell tritt auf.

Regentin. Sind die Briefe an den König aufgesetzt?¹⁸

---

¹ divert. ² images. ³ close in. ⁴ smother. ⁵ what....think of it. ⁶ grown. ⁷ they have reviled what we hold sacred. ⁸ unsettled the dull intelligence of the rabble. ⁹ infused into them the spirit of wild speculation. ¹⁰ committed. ¹¹ awful to think of. ¹² one by one. ¹³ minutely. ¹⁴ lest. ¹⁵ rumor should travel faster than my report. ¹⁶ to check the spread. ¹⁷ control. ¹⁸ written.

Macchiavell. In einer Stunde werdet Ihr sie unterschreiben können.¹

Regentin. Habt ihr den Bericht ausführlich genug gemacht?

Macchiavell. Ausführlich und umständlich,² wie es der König liebt. Ich erzähle, wie zuerst zu St. Omer die bilderstürmerische Wuth sich zeigt. Wie eine rasende Menge³ mit Stäben, Beilen, Hämmern, Leitern, Stricken versehen,⁴ von wenig Bewaffneten begleitet, erst Kapellen, Kirchen und Klöster anfallen, die Andächtigen verjagen, die verschlossenen Pforten aufbrechen, alles umkehren,⁵ die Altäre niederreißen, die Statuen der Heiligen⁶ zerschlagen, alle Gemälde verderben, alles was sie nur Geweihtes, Geheiligtes antreffen,⁷ zerschmettern, zerreißen, zertreten.⁸ Wie sich der Haufe unterwegs vermehrt, die Einwohner von Ypern ihnen die Thore eröffnen. Wie sie den Dom mit unglaublicher Schnelle verwüsten, die Bibliothek des Bischofs verbrennen. Wie eine große Menge Volks, von gleichem Unsinn⁹ ergriffen, sich über Menin, Comines, Verwich, Lille verbreitet, nirgend Widerstand findet, und wie fast durch ganz Flandern in Einem Augenblicke die ungeheure Verschwörung sich erklärt und ausgeführt ist.¹⁰

Regentin. Ach, wie ergreift mich auf's neue der Schmerz bei deiner Wiederholung!¹¹ Und die Furcht gesellt sich dazu,¹² das Uebel werde mir größer und größer werden. Sagt mir eure Gedanken, Macchiavell!

Macchiavell. Verzeihen Eure Hoheit, meine Gedanken sehen Grillen so ähnlich;¹³ und wenn¹⁴ Ihr auch¹⁵ immer mit meinen Diensten zufrieden wart, habt Ihr doch selten meinem Rath folgen mögen.¹⁵ Ihr sagtet oft im Scherze: „Du

---

¹ will be ready for your signature. ² Full and detailed.
³ furious mob. ⁴ armed. ⁵ overthrow. ⁶ Saints. ⁷ where they find anything that is consecrated, hallowed. ⁸ dash to pieces, tear up and trample upon. ⁹ frenzy. ¹⁰ breaks out and is victorious.
¹¹ recital. ¹² increased by the apprehension. ¹³ appear whimsical
¹⁴ although. ¹⁵ been inclined.

siehst zu weit,¹ Macchiavell! Du solltest Geschichtschreiber sein: wer handelt, muß für's Nächste sorgen."² Und doch, habe ich diese Geschichte nicht voraus erzählt? Hab' ich nicht alles voraus gesehen?

Regentin. Ich sehe auch viel voraus, ohne es ändern zu können.

Macchiavell. Ein Wort für tausend: Ihr unterdrückt die neue Lehre³ nicht. Laßt sie gelten,⁴ sondert sie von den Rechtgläubigen,⁵ gebt ihnen Kirchen, faßt sie in die bürgerliche Ordnung,⁶ schränkt sie ein; und so habt Ihr die Aufrührer auf einmal zur Ruhe gebracht. Jede andern Mittel sind vergeblich, und Ihr verheert das Land.

Regentin. Hast du vergessen, mit welchem Abscheu mein Bruder selbst die Frage verwarf, ob man die neue Lehre dulden könne? Weißt du nicht, wie er mir in jedem Briefe die Erhaltung⁷ des wahren Glaubens⁸ auf's eifrigste⁹ empfiehlt? daß er Ruhe und Einigkeit¹¹ auf Kosten der Religion nicht hergestellt wissen will?¹⁰ Hält er nicht selbst¹² in den Provinzen Spione, die wir nicht kennen, um zu erfahren,¹³ wer sich zu der neuen Meinung¹⁴ hinüber neigt? Hat er nicht zu unsrer Verwunderung uns diesen und jenen genannt, der sich in unsrer Nähe¹⁵ heimlich der Ketzerei schuldig machte? Befiehlt er nicht Strenge und Schärfe?¹⁶ Und ich soll gelind sein? ich soll Vorschläge thun,¹⁷ daß er nachsehe,¹⁸ daß er dulde? Würde ich nicht alles Vertrauen, allen Glauben¹⁹ bei ihm verlieren?¹⁹

Macchiavell. Ich weiß wohl, der König befiehlt, er läßt Euch seine Absichten wissen. Ihr sollt Ruhe und Friede wieder herstellen, durch ein Mittel, das die Gemüther noch mehr erbittert, das den Krieg unvermeidlich an allen Ecken

---

¹too far into the future. ²must be prepared for the honr ³new doctrine. ⁴Tolerate it. ⁵orthodox. ⁶give them a place within the political organization. ⁷conservation. ⁸Faith. ⁹urgently. ¹⁰will not hear of restoring. ¹¹order and harmony. ¹²Does not he even employ. ¹³to be informed. ¹⁴doctrine. ¹⁵near our person. ¹⁶strictness. ¹⁷suggest. ¹⁸should not censure. ¹⁹forfeit all credit.

ausblasen wird.¹ Bedenkt, was Ihr thut. Die größten
Kaufleute sind angesteckt,² der Adel, das Volk, die Soldaten.
Was hilft es, auf seinen Gedanken beharren, wenn sich um
uns alles ändert? Möchte doch ein guter Geist Philippen
eingeben,³ daß es einem Könige anständiger ist, Bürger
zweierlei Glaubens⁴ zu regieren, als sie durch einander auf=
zureiben.⁵

Regentin. Solch ein Wort nie wieder! Ich weiß
wohl, daß Politik selten Treu' und Glauben halten kann,⁶
daß sie Offenheit, Gutherzigkeit, Nachgiebigkeit aus unsern
Herzen ausschließt. In weltlichen Geschäften⁷ ist das leider
nur zu wahr; sollen wir aber auch mit Gott spielen,⁸ wie
unter einander? Sollen wir gleichgültig gegen unsre be=
währte Lehre sein, für die so viele ihr Leben aufgeopfert
haben? Die sollten wir hingeben an⁹ hergelaufne,¹⁰ unge=
wisse,¹¹ sich selbst widersprechende Neuerungen?

Macchiavell. Denkt nur deßwegen nicht übler von
mir.

Regentin. Ich kenne dich und deine Treue, und weiß,
daß einer ein ehrlicher und verständiger Mann sein kann,
wenn er gleich¹² den nächsten, besten Weg zum Heil¹³ seiner
Seele verfehlt hat. Es sind noch andre, Macchiavell, Män=
ner, die ich schätzen und tadeln muß.

Macchiavell. Wen bezeichnet Ihr mir?

Regentin. Ich kann es gestehen, daß mir Egmont
heute einen recht innerlichen,¹⁴ tiefen Verdruß erregte.

Macchiavell. Durch welches Betragen?

Regentin. Durch sein gewöhnliches, durch Gleichgül=
tigkeit und Leichtsinn. Ich erhielt die schreckliche Botschaft,
eben als¹⁵ ich von vielen und ihm begleitet aus¹⁶ der Kirche
ging.¹⁶ Ich hielt¹⁷ meinen Schmerz nicht an,¹⁷ ich beklagte

---

¹ will kindle the flame of war all over the country. ² infected.
³ Oh, that a good genius would inspire. ⁴ creeds. ⁵ destroy.
⁶ keep faith. ⁷ secular affairs. ⁸ trifle. ⁹ forsake for. ¹⁰ vagrant.
¹¹ vague. ¹² even though. ¹³ salvation. ¹⁴ intense. ¹⁵ just when
¹⁶ left. ¹⁷ control.

mich laut und rief, indem ich mich zu ihm wendete: Seht, was in eurer Provinz entsteht!¹ Das duldet ihr, Graf, von dem der König sich alles versprach?²

Macchiavell. Und was antwortete er?

Regentin. Als wenn es nichts, als wenn es eine Nebensache wäre, versetzte er: Wären nur erst die Niederländer über ihre Verfassung beruhigt!³ Das übrige würde sich leicht geben.⁴

Macchiavell. Vielleicht hat er wahrer, als klug und fromm gesprochen. Wie soll Zutrauen entstehen und bleiben, wenn der Niederländer sieht, daß es mehr um seine Besitzthümer,⁵ als um sein Wohl, um seiner Seele Heil zu thun ist?⁶ Haben die neuen Bischöfe mehr Seelen gerettet, als fette Pfründen geschmaus't,⁷ und sind es nicht meist Fremde? Noch werden alle Statthalterschaften mit Niederländern besetzt;⁸ lassen sich es die Spanier nicht zu deutlich merken,⁹ daß sie die größte, unwiderstehlichste Begierde nach diesen Stellen empfinden? Will ein Volk nicht lieber nach seiner Art von den Seinigen¹⁰ regiert werden, als von Fremden, die erst im Lande sich wieder Besitzthümer auf Unkosten aller zu erwerben suchen, die einen fremden Maaßstab¹¹ mitbringen, und unfreundlich und ohne Theilnahmung¹² herrschen?

Regentin. Du stellst dich auf die Seite der Gegner.

Macchiavell. Mit dem Herzen gewiß nicht; und wollte, ich könnte mit dem Verstande ganz auf der unsrigen sein.

Regentin. Wenn du so willst¹³ so thät' es noth, ich träte ihnen meine Regentschaft ab;¹⁴ denn Egmont und Oranien machten sich große Hoffnung, diesen Platz einzunehmen. Damals waren sie Gegner; jetzt sind sie gegen

---

¹ occurs. ² of whom.... expected so much. ³ at ease about. ⁴ The rest would be easily settled. ⁵ we care more for. ⁶ property. ⁷ swallowed fat prebends. ⁸ as yet only.... are appointed to the office of. ⁹ do not.... show unmistakable signs. ¹⁰ countrymen. ¹¹ a different standard. ¹² sympathy. ¹³ If you reason thus. ¹⁴ had better abdicate in their favor.

mich verbunden, sind Freunde, unzertrennliche Freunde geworden.

Macchiavell. Ein gefährliches Paar.

Regentin. Soll ich aufrichtig reden, ich fürchte Oranien, und ich fürchte für Egmont. Oranien sinnt nichts Gutes,¹ seine Gedanken reichen in die Ferne,² er ist heimlich,³ scheint alles anzunehmen, widerspricht nie, und in tiefster Ehrfurcht, mit größter Vorsicht thut er, was ihm beliebt.

Macchiavell. Recht im Gegentheil geht Egmont einen freien Schritt,⁴ als wenn die Welt ihm gehörte.

Regentin. Er trägt das Haupt so hoch, als wenn die Hand der Majestät nicht über ihm schwebte.

Macchiavell. Die Augen des Volks sind alle nach ihm gerichtet, und die Herzen hängen an ihm.⁵

Regentin. Nie hat er einen Schein vermieden; als wenn niemand Rechenschaft von ihm zu fordern hätte.⁶ Noch trägt er den Namen Egmont. Graf Egmont freut ihn⁷ sich nennen zu hören, als wollte er nicht vergessen, daß seine Vorfahren Besitzer von Geldern waren. Warum nennt er sich nicht Prinz von Gaure, wie es ihm zukommt?⁸ Warum thut er das? Will er erloschne Rechte wieder geltend machen?⁹

Macchiavell. Ich halte ihn für einen treuen Diener des Königs.

Regentin. Wenn er wollte, wie verdient könnte er sich um die Regierung machen,¹⁰ anstatt daß er uns schon, ohne sich zu nutzen,¹² unsäglichen Verdruß gemacht hat.¹¹ Seine Gesellschaften,¹³ Gastmahle und Gelage¹⁴ haben den Adel mehr verbunden und verknüpft,¹⁵ als die gefährlichsten heimlichen Zusammenkünfte. Mit seinen Gesundheiten haben

---

¹ meditates nothing good. ² are far reaching. ³ reserved. ⁴ walks as independently. ⁵ cling to him. ⁶ as if there were nobody to call him to account. ⁷ He delights. ⁸ as he has a right to do. ⁹ revive extinct claims ¹⁰ How well he might deserve of. ¹¹ caused us. ¹² without benefitting himself. ¹³ parties. ¹⁴ banquets. ¹⁵ united and bound together more closely.

die Gäste einen dauernden Rausch, einen nie sich verziehenden Schwindel² geschöpft.¹ Wie oft jetzt er durch seine Scherzreden³ die Gemüther des Volks in Bewegung, und wie stutzte der Pöbel über⁴ die neuen Livreen, über die thörichten Abzeichen der Bedienten!

Macchiavell. Ich bin überzeugt, es war ohne Absicht.

Regentin. Schlimm genug. Wie ich sage, er schadet uns, und nützt sich nicht. Er nimmt⁵ das Ernstliche scherzhaft, und wir, um nicht müßig und nachlässig zu scheinen, müssen das Scherzhafte ernstlich nehmen.⁶ So hetzt⁷ eins das andre; und was man abzuwenden sucht, das macht sich erst recht.⁸ Er ist gefährlicher, als ein entschiednes⁹ Haupt einer Verschwörung; und ich müßte mich sehr irren, wenn man ihm bei Hofe nicht alles gedenkt.¹⁰ Ich kann nicht läugnen, es vergeht wenig Zeit, daß er mich nicht empfindlich,¹¹ sehr empfindlich macht.

Macchiavell. Er scheint mir in allem nach seinem Gewissen zu handeln.

Regentin. Sein Gewissen hat einen gefälligen¹² Spiegel. Sein Betragen ist oft beleidigend. Er sieht oft aus, als wenn er in der völligen Ueberzeugung lebe, er sei Herr und wolle es uns nur aus Gefälligkeit nicht fühlen lassen, woll' uns so gerade nicht zum Lande hinausjagen; es werde sich schon geben.¹³

Macchiavell. Ich bitte Euch, legt seine Offenheit, sein glückliches Blut, das alles Wichtige leicht¹⁴ behandelt, nicht zu gefährlich aus. Ihr schadet nur ihm und Euch.

Regentin. Ich lege nichts aus. Ich spreche nur von den unvermeidlichen Folgen, und ich kenne ihn. Sein Niederländischer Adel und sein golden Vließ vor¹⁵ der Brust stärken sein Vertrauen, seine Kühnheit. Beides¹⁶ kann ihn

---

¹ imbibed. ² never subsiding dizziness. ³ raillery. ⁴ ....was excited about. ⁵ treats. ⁶ take. ⁷ urge. ⁸ is actually brought to pass. ⁹ acknowledged. ¹⁰ keep account of. ¹¹ without his wounding me deeply. ¹² courteous. ¹³ all would be arranged by and by. ¹⁴ with levity. ¹⁵ upon. ¹⁶ Neither.

vor einem schnellen willkürlichen Unmuth¹ des Königs schützen. Untersuch' es genau;² an dem ganzen Unglück, das Flandern trifft,³ ist er doch nur allein Schuld. Er hat zuerst den fremden Lehrern nachgesehen,⁴ hat's so genau nicht genommen,⁵ und vielleicht sich heimlich gefreut, daß wir etwas zu schaffen hatten.⁶ Laß mich nur! Was ich auf dem Herzen habe, soll bei dieser Gelegenheit davon.⁷ Und ich will die Pfeile nicht umsonst verschießen! ich weiß, wo er empfindlich⁸ ist. Er ist auch empfindlich.

Macchiavell. Habt Ihr den Rath zusammen berufen⁹ lassen? Kommt Oranien auch?

Regentin. Ich habe nach Antwerpen um¹⁰ ihn geschickt. Ich will ihnen die Last der Verantwortung nahe genug zuwälzen,¹¹ sie sollen sich mit mir dem Uebel ernstlich entgegensetzen oder sich auch als Rebellen erklären. Eile, daß die Briefe fertig werden,¹² und bringe mir sie zur Unterschrift! Dann sende schnell den bewährten¹³ Vaska nach Madrid: er ist unermüdet und treu; daß mein Bruder zuerst durch ihn die Nachricht erfahre,¹⁴ daß der Ruf ihn nicht übereile. Ich will ihn selbst noch sprechen, eh' er abgeht.¹⁵

Macchiavell. Eure Befehle sollen schnell und genau befolgt¹⁶ werden.

Bürgerhaus.

Clare. Clarens Mutter. Brackenburg.

Clare. Wollt ihr mir nicht das Garn halten, Brackenburg?

---

¹ displeasure. ² look at it more closely. ³ befalls. ⁴ connived at. ⁵ has not troubled himself about it. ⁶ that we had some difficulty on our hands. ⁷ I will on this occasion relieve my heart of the weight that presses on it. ⁸ vulnerable. ⁹ summoned ¹⁰ for. ¹¹ I will fasten enough of the responsibility on them. ¹² written. ¹³ trusty. ¹⁴ receive the intelligence. ¹⁵ before his departure. ¹⁶ obeyed.

Brackenburg. Ich bitt' euch, verschont' mich, Clärchen.
Clare. Was habt ihr wieder?² Warum versagt ihr a**r** diesen kleinen Liebesdienst?³
Brackenburg. Ihr bannt mich⁴ mit dem Zwirn so fest vor euch hin, ich kann euern Augen nicht ausweichen.⁵
Clare. Grillen!⁶ kommt und haltet!
Mutter (im Sessel strickend). Singt doch eins!⁷ Brackenburg secundirt so hübsch. Sonst wart ihr lustig, und ich halte immer was zu lachen.
Brackenburg. Sonst?
Clare. Wir wollen singen.
Brackenburg Was ihr wollt.
Clare. Nur hübsch munter und frisch weg!⁸ Es ist ein Soldatenliedchen, mein Leibstück.⁹
(Sie wickelt Garn und singt mit Brackenburg.)

Die Trommel gerühret!¹⁰
Das Pfeifchen gespielt!
Mein Liebster gewaffnet
Dem Haufen befiehlt,
Die Lanze hoch führet,¹¹
Die Leute regieret.
Wie klopft mir das Herze!
Wie wallt¹² mir das Blut!
O hätt¹³ ich ein Wämmslein,¹⁴
Und Hosen und Hut!

Ich folgt' ihm zum Thor 'naus
Mit muthigem Schritt,
Ging' durch die Provinzen,
Ging'¹⁵ überall mit.¹⁵
Die Feinde schon weichen,
Wir schießen darein.
Welch Glück sonder Gleichen,
Ein Mannsbild zu sein!

(Brackenburg hat unter dem Singen Clärchen oft angesehen; zuletzt bleibt ihm die Stimme stocken,¹⁶ die Thränen kommen ihm in die Augen, er läßt

---

¹excuse me. ²What is the matter. ³kindness. ⁴keep me bound. ⁵I cannot help looking into your eyes. ⁶Nonsense. ⁷give us a song. ⁸well then, gay and lively. ⁹favorite song. ¹⁰beat. ¹¹carries. ¹²boils. ¹³would I had. ¹⁴jerkin. ¹⁵would follow him every where. ¹⁶refuses.

den Strang fallen!¹ und geht an's Fenster. (Clärchen singt das Lied allein aus; die Mutter wird ihr halb unwillig, sie steht auf, geht einige Schritte nach ihm hin,² kehrt halb unschlüssig wieder um, und setzt sich.)

Mutter. Was giebt's auf der Gasse, Brackenburg? Ich höre marschiren.

Brackenburg. Es ist die Leibwache der Regentin.

Clare. Um diese Stunde? was soll das bedeuten? (Sie steht auf und geht an das Fenster zu Brackenburg.) Das ist nicht die tägliche Wache, das sind weit mehr! Fast alle ihre Haufen.³ O Brackenburg, geht! hört einmal,⁴ was es giebt? Es muß etwas Besonderes sein. Geht, guter Brackenburg, thut mir den Gefallen!

Brackenburg. Ich gehe! Ich bin gleich wieder da.⁵ (Er reicht ihr abgehend die Hand; sie giebt ihm die ihrige.)

Mutter. Du schickst ihn schon wieder weg.

Clare. Ich bin neugierig; und auch, verdenkt⁶ mir's nicht, seine Gegenwart thut mir weh⁷. Ich weiß immer nicht,⁸ wie ich mich gegen ihn betragen soll. Ich habe Un= recht gegen ihn, und mich nagt's am Herzen, daß er es so lebendig⁹ fühlt. — Kann ich's doch nicht ändern!¹⁰

Mutter. Es ist ein so treuer Bursche.

Clare. Ich kann's auch nicht lassen, ich muß ihm freundlich begegnen.¹¹ Meine Hand drückt sich¹² oft unver= sehens zu,¹² wenn die seine mich so leise, so liebevoll anfaßt. Ich mache mir Vorwürfe, daß ich ihn betrüge, daß ich in seinem Herzen eine vergebliche Hoffnung nähre. Ich bin übel dran.¹³ Weiß Gott, ich betrüg' ihn nicht. Ich will nicht, daß er hoffen soll, und ich kann ihn doch nicht verzwei= feln lassen.

Mutter. Das ist nicht gut.

Clare. Ich hatte ihn gern, und will ihm auch noch wohl¹⁴ in der Seele. Ich hätte ihn heirathen können, und glaube, ich war nie in ihn verliebt.

---

¹ drops the skein. ² toward him. ³ companies. ⁴ enquire, do. ⁵ back. ⁶ do not blame me for it. ⁷ gives me pain. ⁸ never ⁹ deeply ¹⁰ how can I help it. ¹¹ treat. ¹² closes. ¹³ I am in a wretched plight. ¹⁴ feel kindly.

Mutter. Glücklich wärst du immer mit ihm gewesen.
Clare. Wäre versorgt und hätte ein ruhiges Leben.
Mutter. Und das ist alles durch deine Schuld verscherzt.¹
Clare Ich bin in einer wunderlichen Lage. Wenn ich so nachdenke, wie es gegangen² ist, weiß ich's wohl und weiß es nicht. Und dann darf³ ich Egmont nur wieder ansehen, wird mir alles sehr begreiflich, ja⁴ wäre mir weit mehr begreiflich. Ach, was ist's ein Mann! Alle Provinzen beten ihn an, und ich in seinem Arm sollte nicht das glücklichste Geschöpf von der Welt sein?
Mutter. Wie wird's in der Zukunft werden?
Clare. Ach, ich frage nur, ob er mich liebt? und ob er mich liebt, ist das eine Frage?⁵
Mutter. Man hat nichts als Herzensangst mit seinen Kindern. Wie das ausgehen⁶ wird! Immer Sorge und Kummer! Es geht nicht gut aus! Du hast dich unglücklich gemacht! mich unglücklich gemacht!
Clare (gelassen). Ihr ließet es doch im Anfange.
Mutter. Leider war ich zu gut, bin immer zu gut.
Clare. Wenn Egmont vorbeiritt und ich an's Fenster lief, schaltet ihr mich da? Tratet ihr nicht selbst an's Fenster? Wenn er herauf sah, lächelte, nickte, mich grüßte, war es euch zuwider?⁸ Fandet ihr euch nicht selbst in eurer Tochter geehrt?
Mutter. Mache mir noch Vorwürfe!
Clare (gerührt). Wenn er nun öfter die Straße kam, und wir wohl fühlten, daß er um meinetwillen den Weg machte, bemerktet⁹ ihr's nicht selbst mit heimlicher Freude? Rieft ihr mich ab,¹⁰ wenn ich hinter den Scheiben stand und und ihn erwartete?
Mutter. Dachte ich, daß es so weit kommen sollte?

---

¹ lost. ² happened. ³ need. ⁴ nay. ⁵ is there any doubt.
⁶ end. ⁷ with composure. ⁸ distasteful. ⁹ did not you mention.
¹⁰ away.

Clare (mit stockender¹ Stimme und zurückgehaltenen Thränen) Und wie er uns Abends, in den Mantel eingehüllt, bei der Lampe überraschte, wer war geschäftig, ihn zu empfangen, da ich auf meinem Stuhle wie angekettet² und staunend sitzen blieb?

Mutter. Und konnte ich fürchten, daß diese unglückliche Liebe das kluge Clärchen so bald hinreißen³ würde? Ich muß es nun tragen, daß meine Tochter —

Clare (mit ausbrechenden Thränen). Mutter! Ihr wollt's nun,⁴ Ihr habt eure Freude, mich zu ängstigen.

Mutter (weinend). Weine noch gar!⁵ mache mich noch elender durch deine Betrübniß! Ist mir's nicht Kummer genug, daß meine einzige Tochter ein verworfenes⁶ Geschöpf ist?

Clare (aufstehend und kalt). Verworfen! Egmont's Geliebte, verworfen? — Welche Fürstin neidete nicht das arme Clärchen um den Platz an seinem Herzen! O Mutter — meine Mutter, so redetet ihr sonst nicht. Liebe Mutter seid gut! Das Volk, was **das** denkt, die Nachbarinnen, was **die** murmeln — diese Stube, dieses kleine Haus ist ein Himmel, seit Egmont's Liebe drin wohnt.

Mutter. Man muß ihm hold sein!⁷ Das ist wahr. Er ist immer so freundlich, frei und offen.

Clare. Es ist keine falsche Ader an ihm.⁸ Seht, Mutter, und⁸ er ist doch⁹ der große Egmont. Und wenn er zu mir kommt, wie er so lieb¹⁰ ist, so gut! wie er mir seinen Stand, seine Tapferkeit gerne verbärge! wie er um mich besorgt ist!¹¹ so nur Mensch, nur Freund, nur Liebster.

Mutter. Kommt er wohl¹² heute?

Clare. Habt ihr mich nicht oft an's Fenster gehen sehen? Habt ihr nicht bemerkt,¹³ wie ich horche, wenn's an der Thür rauscht? — Ob ich schon weiß, daß er vor Nacht

---

¹ stifled. ² spellbound. ³ carry away. ⁴ you do it on purpose. ⁵ now even tears. ⁶ lost. ⁷ one cannot help loving him ⁸ there is no deceit in him. ⁹ and yet. ¹⁰ affectionate. ¹¹ how much tender attention he shows me. ¹² you think he will come, do you? ¹³ noticed.

nicht kommt, vermuth' ich ihn doch jeden Augenblick, von Morgens an, wenn ich aufstehe. Wär' ich nur ein Bube und könnte immer mit ihm gehen, zu Hofe und überallhin¹ — könnt' ihm die Fahne nachtragen in der Schlacht! —

Mutter. Du warst immer so ein Springinsfeld;⁴ als ein kleines Kind schon, bald toll, bald nachdenklich. Ziehst du dich nicht ein wenig besser an?

Clare. Vielleicht, Mutter! wenn ich Langeweile habe. — Gestern, denkt, gingen von seinen Leuten vorbei und sangen Lobliedchen auf ihn.² Wenigstens war sein Name in den Liedern! das übrige konnt' ich nicht verstehn. Das Herz schlug mir bis an den Hals!³ — Ich hätte sie gern zurückgerufen, wenn ich mich nicht geschämt hätte.

Mutter. Nimm dich in Acht! Dein heftiges Wesen verdirbt noch⁴ alles; du verräthst dich offenbar vor den Leuten. Wie neulich bei dem Vetter, wie du den Holzschnitt und die Beschreibung fandst und mit einem Schrei riefst: Graf Egmont! — Ich ward feuerroth.

Clare. Hätt' ich nicht schreien sollen? Es war die Schlacht bei Gravelingen, und ich finde oben⁵ im Bilde den Buchstaben E. und suche unten in der Beschreibung E. Steht da: „Graf Egmont, dem das Pferd unter dem Leibe todt geschossen wird." Mich überlief's⁶ — und hernach mußt' ich lachen über den holzgeschnitzten Egmont, der so groß war als der Thurm von Gravelingen gleich dabei,⁷ und die Englischen Schiffe an der Seite. — Wenn ich mich manchmal erinnere, wie ich mir sonst eine Schlacht vorgestellt, und was ich mir als⁸ Mädchen für ein Bild vom Grafen Egmont machte, wenn sie von ihm erzählten, und von allen Grafen und Fürsten — und wie mir's jetzt ist!

Brackenburg kommt.

Clare Wie steht's?⁹

---

¹ wild creature. ² songs in his praise. ³ my heart leaped into my throat. ⁴ your impulsive nature will spoil. ⁵ at the top ⁶ I shuddered. ⁷ close by. ⁸ when. ⁹ well, what is it?

Brackenburg. Man weiß nichts Gewisses. In Flandern soll neuerdings ein Tumult entstanden[1] sein; die Regentin soll besorgen,[2] er möchte sich hierher verbreiten. Das Schloß ist stark besetzt,[3] die Bürger sind zahlreich an den Thoren, das Volk summt in den Gassen. — Ich will nur schnell zu meinem alten Vater.

(Als wollt' er gehen.)

Clare. Sieht man euch morgen? Ich will mich ein wenig anziehen. Der Vetter kommt, und ich sehe gar zu liederlich[4] aus. Helft mir einen Augenblick, Mutter. — Nehmt das Buch mit, Brackenburg, und bringt mir wieder so eine Historie.

Mutter. Lebt wohl!

Brackenburg (seine Hand reichend). Eure Hand!

Clare (ihre Hand versagend). Wenn ihr wieder kommt.

(Mutter und Tochter ab.)

Brackenburg (allein). Ich hatte mir vorgenommen,[5] gerade wieder fort zu gehen, und da sie es dafür aufnimmt,[6] und mich gehen läßt, möcht' ich rasend werden.[7] — Unglücklicher! und dich rührt deines Vaterlandes Geschick nicht? der wachsende Tumult nicht? — und gleich[8] ist mir Landsmann oder Spanier, und wer regiert und wer Recht hat? — War ich doch ein anderer Junge[9] als Schulknabe! — Wenn da ein Exercitium aufgegeben[10] war: „Brutus' Rede für die Freiheit, zur Uebung der Redekunst"; da war doch immer Fritz der Erste, und der Rector sagte: „Wenn's nur ordentlicher wäre, nur nicht alles so übereinander gestolpert[11]." — Damals kocht' es und trieb![12] — Jetzt schlepp' ich mich an den Augen des Mädchens so hin.[13] Kann ich sie doch nicht lassen![14] Kann sie mich doch nicht lieben! — Ach — nein — Sie — Sie kann mich nicht ganz verworfen haben — — nicht ganz — und halb und nichts! — Ich duld'[15] es nicht länger! — — Sollte es wahr sein, was mir ein Freund

---

[1] broken out. [2] be apprehensive. [3] guarded. [4] untidy. [5] I had resolved. [6] takes it in earnest. [7] go crazy. [8] all the same. [9] lad. [10] set the lesson. [11] helter skelter. [12] fermented along. [14] live without her. [15] bear.

neulich in's Ohr sagte? daß sie Nachts einen Mann heimlich zu sich einläßt, da sie mich züchtig immer vor Abend aus dem Hause treibt. Nein, es ist nicht wahr, es ist eine Lüge, eine schändliche, verleumderische Lüge! Clärchen ist so unschuldig, als ich unglücklich bin. — Sie hat mich verworfen, hat mich von ihrem Herzen gestoßen. — — Und ich soll so fort¹ leben? Ich duld', ich duld' es nicht. — — Schon wird mein Vaterland von innerm Zwiste heftiger bewegt,² und ich sterbe³ unter dem Getümmel nur ab!³ Ich duld' es nicht! — Wenn die Trompete klingt, ein Schuß fällt,⁴ mir fährt's⁵ durch Mark und Bein! Ach, es reizt⁶ mich nicht! es fordert mich nicht⁷, auch mit einzugreifen,⁸ mit zu retten, zu wagen. — Elender, schimpflicher Zustand! Es ist besser, ich end' auf einmal. Neulich stürzt' ich mich in's Wasser, ich sank — aber die geängstete⁹ Natur war stärker; ich fühlte, daß ich schwimmen konnte und rettete mich wider Willen. — — Könnt' ich der Zeiten vergessen, da sie mich liebte, mich zu lieben schien! Warum hat mir's Mark und Bein durchdrungen,¹⁰ das Glück? Warum haben mir diese Hoffnungen allen Genuß des Lebens aufgezehrt,¹¹ indem sie mir ein Paradies von weitem zeigten? — Und jener erste Kuß! jener einzige! — Hier, (die Hand auf den Tisch legend) hier waren wir allein — sie war immer gut und freundlich gegen mich gewesen — da schien sie sich zu erweichen — sie sah mich an — alle Sinne gingen mir um,¹² und ich fühlte ihre Lippen auf den meinigen. — Und — und nun? — Stirb, Armer! Was zauderst du? (Er zieht ein Fläschchen¹³ aus der Tasche.) Ich will dich nicht umsonst aus meines Bruders Doctorkästchen¹⁴ gestohlen haben, heilsames Gift! Du sollst mir dieses Bangen,¹⁵ diese Schwindel, diese Todesschweiße¹⁶ auf einmal verschlingen und lösen.

---

¹ on. ² convulsed. ³ fade away. ⁴ a gun is fired. ⁵ thrills.
⁶ rouses. ⁷ does not appeal to me. ⁸ to be active. ⁹ in distress.
¹⁰ thrilled. ¹¹ wasted. ¹² whirled. ¹³ vial. ¹⁴ medicine chest.
¹⁵ trepidation. ¹⁶ agony of death.

Zweiter Aufzug.

Platz in Brüssel.

Jetter und ein Zimmermeister treten zusammen.

Zimmermeister. Sagt' ich's nicht voraus? Noch vor acht Tagen¹ auf der Zunft² sagt' ich, es würde schwere Händel geben.³

Jetter. Ist's denn wahr, daß sie die Kirchen in Flandern geplündert haben?

Zimmermeister. Ganz und gar⁴ zu Grunde gerichtet haben sie⁵ Kirchen und Kapellen. Nichts als die vier nackten Wände haben sie stehen lassen. Lauter Lumpengesindel!⁶ Und das macht unsere gute Sache schlimm. Wir hätten eher,⁷ in der Ordnung und standhaft,⁸ unsre Gerechtsame der Regentin vortragen⁹ und darauf halten¹⁰ sollen. Reden wir jetzt, versammeln wir uns jetzt, so heißt es, wir gesellen uns zu den Aufwieglern.

Jetter. Ja, so denkt jeder zuerst: Was sollst du mit der Nase voran? Hängt¹¹ doch der Hals gar nah¹² damit zusammen.¹¹

Zimmermeister. Mir ist's bange, wenn's einmal unter

---

¹ **a week ago.** ² **guild hall.** ³ **there would be serious disturbances.** ⁴ **utterly.** ⁵ **destroyed.** ⁶ **rabble.** ⁷ **rather.** ⁸ **firmly.** ⁹ **state.** ¹⁰ **insist.** ¹¹ **connected with.** ¹² **closely.**

dem Pack¹ zu lärmen² anfängt, unter dem Volk, das nichts zu verlieren hat. Die brauchen³ das zum Vorwande, worauf wir uns auch berufen⁴ müssen, und bringen⁵ das Land in Unglück.⁵

<small>Soest tritt dazu.</small>

Soest. Guten Tag, ihr Herren! Was giebt's Neues? Ist's wahr, daß die Bilderstürmer gerade hierher ihren Lauf nehmen?

Zimmermeister. Hier sollen sie nichts anrühren.

Soest. Es trat ein Soldat bei mir ein, Tabak zu kaufen, den fragt' ich aus. Die Regentin, so eine wackre, kluge Frau sie bleibt, dießmal ist sie außer Fassung.⁶ Es muß sehr arg sein, daß sie sich so geradezu hinter ihre Wache versteckt. Die Burg ist scharf besetzt. Man meint sogar, sie wolle aus der Stadt flüchten.

Zimmermeister. Hinaus soll sie nicht! Ihre Gegenwart beschützt uns, und wir wollen ihr mehr Sicherheit verschaffen als ihre Stutzbärte. Und wenn sie uns unsre Rechte und Freiheiten aufrecht erhält, so wollen wir sie auf den Händen tragen.

<small>Seifensieder tritt dazu.</small>

Seifensieder. Garstige Händel! Ueble Händel!⁷ Es wird unruhig⁸ und geht schief aus!⁹ — Hütet euch, daß ihr stille bleibt, daß man euch nicht auch für Aufwiegler hält!

Soest. Da kommen die sieben Weisen aus Griechenland.

Seifensieder. Ich weiß, da sind viele, die es heimlich mit den Calvinisten halten, die auf die Bischöfe lästern, die den König nicht scheuen. Aber ein treuer Unterthan, ein aufrichtiger Katholike! —

<small>(Es gesellt sich nach und nach allerlei Volk zu ihnen und horcht.)</small>

---

¹ rabble. ² to be noisy. ³ use. ⁴ argue. ⁵ bring disaster over ⁶ confounded. ⁷ ugly business, awful business. ⁸ troubles are brewing. ⁹ things go wrong.

Vansen tritt dazu.

Vansen. Gott grüß' euch', Herren! Was Neues?
Zimmermeister. Gebt euch mit dem nicht ab²! das ist ein schlechter Kerl.
Jetter. Ist es nicht der Schreiber beim Doctor Wiets?
Zimmermeister. Er hat schon viele Herren gehabt. Erst war er Schreiber, und wie ihn ein Patron nach dem andern fortjagte, Schelmstreiche halber³, pfuscht' er jetzt Notaren und Advokaten in's Handwerk⁴, und ist ein Branntweinzapf.⁶

(Es kommt mehr Volk zusammen und steht truppweise.⁷)

Vansen. Ihr seid auch versammelt, steckt⁷ die Köpfe zusammen. Es ist immer redenswerth.
Soest. Ich denk' auch.
Vansen. Wenn jetzt einer oder der andere Herz hätte, und einer oder der andere den Kopf dazu, wir könnten die Spanischen Ketten auf einmal sprengen.⁸
Soest. Herre! so müßt ihr nicht reden. Wir haben dem König geschworen.
Vansen. Und der König uns. Merkt⁹ das!
Jetter. Das läßt sich hören¹⁰! sagt eure Meinung!
Einige andere. Horch, der versteht's! Der hat Pfiffe.¹¹
Vansen. Ich hatte einen alten Patron, der besaß Pergamente und Briefe von uralten Stiftungen¹², Contracten¹³ und Gerechtigkeiten; er hielt auf¹⁴ die rarsten Bücher. In einem stand unsre ganze Verfassung: wie uns Niederländer zuerst einzelne Fürsten regierten, alles nach hergebrachten¹⁵ Rechten, Privilegien und Gewohnheiten; wie unsre Vorfahren alle Ehrfurcht für ihren Fürsten gehabt, wenn er regiert', wie er sollte; und wie sie sich gleich vorsahen, wenn er über die Schnur hauen¹⁶ wollte. Die Staaten waren gleich

---

¹God bless you. ²have nothing to do with him. ³for his roguery. ⁴dabbles with the business. ⁵tippler. ⁶in groups. ⁷put. ⁸break. ⁹mind. ¹⁰there is sense in that. ¹¹he is a sharp fellow. ¹²foundations. ¹³deeds. ¹⁴collected. ¹⁵ancient. ¹⁶trespass.

hinterdrein;¹ denn jede Provinz, so klein sie auch war, hatte ihre Staaten, ihre Landstände.

Zimmermeister. Haltet euer Maul! das weiß man lange! Ein jeder rechtschaffene Bürger ist, so viel er braucht, von der Verfassung unterrichtet.

Jetter. Laßt ihn reden! man erfährt immer etwas mehr.

Soest. Er hat ganz recht.

Mehrere. Erzählt! erzählt! So was hört man nicht alle Tage.

Vansen. So seid ihr Bürgersleute! Ihr lebt nur so in den Tag hin;² und wie ihr euer Gewerb von euren Eltern überkommen habt, so laßt ihr auch das Regiment über euch schalten und walten,³ wie es kann und mag.³ Ihr fragt nicht nach dem Herkommen,⁴ nach der Historie, nach dem Recht eines Regenten; und über das Versäumniß haben euch die Spanier das Netz über die Ohren gezogen.

Soest. Wer denkt daran, wenn einer nur das tägliche Brod hat?

Jetter. Verflucht! Warum tritt⁵ auch keiner in Zeiten auf⁵, und sagt einem so etwas?

Vansen. Ich sag' es euch jetzt. Der König in Spanien, der die Provinzen durch gut Glück zusammen besitzt, darf doch nicht drin schalten⁶ und walten⁶ anders, als die kleinen Fürsten, die sie jemals einzeln besaßen. Begreift ihr das?

Jetter. Erklärt's uns!

Vansen. Es ist so klar als die Sonne. Müßt ihr nicht nach euren Landrechten gerichtet werden?⁷ Woher käme das?

Ein Bürger. Wahrlich!

---

¹ down upon him. ² without idea and method. ³ allow government to have it all its own way. ⁴ usage. ⁵ comes forward. ⁶ rule them arbitrary. ⁷ must you not be judged according to your provincial law?

Vansen. Hat der Brüsseler nicht ein ander Recht als der Antwerper? der Antwerper als der Genter? Woher käme denn das?

Anderer Bürger. Bei Gott!

Vansen. Aber wenn ihr's so fortlaufen² laßt, wird man's euch bald anders weisen. Pfui! Was Carl der Kühne, Friedrich der Krieger, Carl der Fünfte nicht konnten, das thut nun Philipp durch ein Weib.

Soest. Ja, ja! Die alten Fürsten haben's auch schon probirt.

Vansen. Freilich! — Unsre Vorfahren paßten auf.¹ Wie sie einem Herrn gram wurden,³ fingen sie ihm etwa seinen Sohn und Erben weg, hielten ihn bei sich, und gaben ihn nur auf die besten Bedingungen heraus.⁵ Unsre Väter waren Leute! Die wußten, was ihnen nütz war! Die wußten etwas zu fassen⁶ und festzusetzen⁶! Rechte Männer! Dafür sind aber auch unsre Privilegien so deutlich, unsre Freiheiten so versichert.

Seifensieder. Was sprecht ihr von Freiheiten?

Das Volk. Von unsern Freiheiten, von unsern Privilegien! Erzählt uns was von unsern Privilegien!

Vansen. Wir Brabanter besonders, obgleich alle Provinzen ihre Vortheile haben, wir sind am herrlichsten versehen.⁷ Ich habe alles gelesen.

Soest. Sagt an!

Jetter. Laßt hören!

Ein Bürger. Ich bitt' euch.

Vansen. Erstlich steht geschrieben: Der Herzog von Brabant soll uns ein guter und getreuer Herr sein.

Soest. Gut! Steht das so?

Jetter. Getreu? Ist das wahr?

Vansen. Wie ich euch sage. Er ist uns verpflichtet,¹

---

¹go on. ²were wide awake. ³bore their lord a grudge perhaps. ⁵delivered. ⁶how to manage and settle business provided for. ⁵bound.

wie wir ihm. Zweitens: Er soll keine Macht oder eignen¹ Willen¹ an uns beweisen², merken lassen³, oder gedenken zu gestatten⁴, auf keinerlei Weise.

Jetter. Schön! Schön! nicht beweisen.

Soest. Nicht merken lassen.

Ein anderer. Und nicht gedenken zu gestatten! Das ist der Hauptpunkt. Niemanden gestatten, auf keinerlei Weise.

Vansen. Mit ausdrücklichen Worten.

Jetter. Schafft⁵ uns das Buch!

Ein Bürger. Ja, wir müssen's haben.

Andere. Das Buch! das Buch!

Ein anderer. Wir wollen zur Regentin gehen mit dem Buche.

Ein anderer. Ihr sollt das Wort führen⁶, Herr Doctor.

Seifensieder. O die Tröpfe!

Andere. Noch etwas aus dem Buche!

Seifensieder. Ich schlage⁷ ihm die Zähne in den Hals, wenn er noch ein Wort sagt.

Das Volk. Wir wollen sehen, wer ihm etwas thut. Sagt uns was von den Privilegien! Haben wir noch mehr Privilegien?

Vansen. Mancherlei, und sehr gute, sehr heilsame. Da steht auch: Der Landesherr soll den geistlichen Stand⁸ nicht verbessern oder mehren, ohne Verwilligung⁹ des Adels und der Stände! Merkt das! Auch den Staat¹⁰ des Landes nicht verändern.

Soest. Ist das so?

Vansen. Ich will's euch geschrieben zeigen, von zwei, drei hundert Jahren her.

Bürger. Und wir leiden die neuen Bischöfe? Der Adel muß uns schützen, wir fangen Händel an!

---

¹caprice. ²show. ³try. ⁴intend to permit. ⁵get. ⁶the spokesman. ⁷knock. ⁸clergy. ⁹consent. ¹⁰constitution.

Andere. Und wir lassen uns von der Inquisition in's Bockshorn jagen?¹

Vansen. Das ist eure Schuld.

Das Volk. Wir haben noch Egmont! noch Oranien! Die sorgen für unser Bestes.

Vansen. Eure Brüder in Flandern haben das gute Werk angefangen.

Seifensieder. Du Hund!

(Er schlägt ihn.)

Andere (widersetzen sich und rufen). Bist du auch ein Spanier?

Ein anderer. Was? den Ehrenmann?

Ein anderer. Den Gelahrten?

(Sie fallen den Seifensieder an.)

Zimmermeister. Um's Himmels willen, ruht!² (Andere mischen sich in den Streit.) Bürger, was soll das?

(Buben pfeifen, werfen mit Steinen, hetzen Hunde an, Bürger stehen und gaffen, Volk läuft zu, andere gehen gelassen auf und ab, andere treiben allerlei Schaltspossen,³ schreien und jubiliren.

Andere. Freiheit und Privilegien! Privilegien und Freiheit!

Egmont tritt auf mit Begleitung.⁴

Egmont. Ruhig! Ruhig! Leute! Was giebt's? Ruhe! Bringt⁵ sie auseinander!⁵

Zimmermeister. Gnädiger Herr, ihr kommt wie ein Engel des Himmels. Stille! seht ihr nichts? Graf Egmont! Dem Grafen Egmont Reverenz!

Egmont. Auch hier? Was fangt ihr an? Bürger gegen Bürger! Hält sogar die Nähe⁶ unsrer königlichen Regentin diesen Unsinn nicht zurück⁷? Geht auseinander⁸, geht an euer Gewerbe. Es ist ein übles Zeichen, wenn ihr an Werktagen feiert.⁹ Was war's?

---

¹ intimidated. ² peace. ³ play pranks. ⁴ attendants. ⁵ separate them. ⁶ presence. ⁷ restrain. ⁸ disperse. ⁹ are idle.

(Der Tumult stillt sich¹ nach und nach, und alle stehen um ihn herum.)

Zimmermeister. Sie schlagen sich um ihre Privilegien.

Egmont. Die sie noch muthwillig zertrümmern werden! — Und wer seid ihr? Ihr scheint mir rechtliche Leute.

Zimmermeister. Das ist unser Bestreben.

Egmont. Euers Zeichens?²

Zimmermeister. Zimmermann und Zunftmeister.

Egmont. Und ihr?

Soest. Krämer.

Egmont. Ihr?

Jetter. Schneider.

Egmont. Ich erinnere mich, ihr habt mit³ an den Livreen für meine Leute gearbeitet. Euer Name ist Jetter.

Jetter. Gnade, daß ihr euch dessen erinnert.

Egmont. Ich vergesse niemanden leicht, den ich einmal gesehen und gesprochen habe. — Was an euch ist,⁴ Ruhe zu erhalten, Leute, das thut! ihr seid übel genug angeschrieben.⁵ Reizt den König nicht mehr; er hat zuletzt doch die Gewalt in Händen. Ein ordentlicher Bürger, der sich ehrlich und fleißig nährt, hat überall so viel Freiheit, als er braucht.

Zimmermeister. Ach wohl!⁶ das ist eben unsre Noth.⁷ Die Tagdiebe,⁸ die Söffer, die Faullenzer, mit Euer Gnaden Verlaub, die stänkern⁹ aus Langerweile, und scharren aus Hunger nach Privilegien, und lügen¹⁰ den Neugierigen und Leichtgläubigen was vor,¹⁰ und um eine Kanne-Bier bezahlt zu kriegen,¹¹ fangen sie Händel an, die viel tausend Menschen unglücklich machen. Das ist ihnen eben recht.¹² Wir halten unsre Häuser und Kasten zu gut verwahrt; da möchten sie gern uns mit Feuerbränden davon treiben.

Egmont. Allen Beistand sollt ihr finden; es sind Maaßregeln genommen, dem Uebel kräftig zu begegnen.

---

¹ subsides. ² your trade. ³ helped. ⁴ what you can do. ⁵ you are by no means in favor with. ⁶ exactly. ⁷ that's just our trouble. ⁸ loafers. ⁹ pick quarrels. ¹⁰ tell lies to. ¹¹ get. ¹² that's just what they want.

Steht fest gegen die fremde Lehre, und glaubt nicht, durch Aufruhr befestige man Privilegien! Bleibt zu Hause, leidet nicht, daß sie sich auf den Straßen rotten[1]! Vernünftige Leute können viel thun.

(Indessen hat sich der größte Haufe verlaufen[2].)

Zimmermeister. Danken Euer Excellenz, danken für die gute Meinung! Alles was an uns liegt.[3] (Egmont ab.) Ein gnädiger Herr! der ächte Niederländer! Gar so nichts Spanisches.

Jetter. Hätten wir ihn nur zum Regenten! Man folgt ihm gerne.[4]

Soest. Das läßt der König wohl sein. Den Platz besetzt[5] er immer mit den Seinigen.

Jetter. Hast du das Kleid gesehen? Das war nach der neuesten Art, nach spanischem Schnitt.

Zimmermeister. Ein schöner Herr!

Jetter. Sein Hals wär' ein rechtes Fressen[6] für einen Scharfrichter.

Soest. Bist du toll? was kommt dir ein![7]

Jetter. Dumm genug, daß einem so etwas einfällt. — Es ist mir nun so.[8] Wenn ich einen schönen langen Hals sehe, muß ich gleich wider Willen denken: der ist gut köpfen. — Die verfluchten Exekutionen! man kriegt sie nicht aus dem Sinne. Wenn die Bursche schwimmen, und ich seh' einen nackten Buckel, gleich fallen sie mir zu Dutzenden ein, die ich habe mit Ruthen streichen[9] sehen. Begegnet mir ein rechter Wanst,[10] mein' ich, den seh' ich schon am Pfahl[11] braten. Des Nachts im Traume zwickt mich's an allen Gliedern; man wird eben keine Stunde froh.[12] Jede Lustbarkeit, jeden Spaß hab' ich bald[13] vergessen; die fürchterlichen Gestalten[14] sind mir wie vor die Stirne gebannt.[15]

---

[1] gather in crowds. [2] dispersed. [3] all we can do. [4] we willingly obey him. [5] fills. [6] dainty morsel. [7] what an idea. [8] but I can't help it. [9] beaten. [10] stout fellow. [11] at the stake. [12] I have not one comfortable hour. [13] almost. [14] apparitions. [15] are constantly before my eyes.

Egmont's Wohnung.

Secretär
(an einem Tisch: mit Papieren, er steht unruhig auf).

Er kommt immer nicht!¹ und ich warte schon zwei Stunden, die Feder in der Hand, die Papiere vor mir; und eben heute möcht' ich gern so zeitig fort. Es brennt mir unter den Sohlen. Ich kann² vor Ungeduld kaum bleiben.² „Sei auf die Stunde³ da!" befahl er mir noch, ehe er wegging; nun kommt er nicht. Es ist so viel zu thun, ich werde vor Mitternacht nicht fertig. Freilich sieht er einem auch einmal durch die Finger.⁴ Doch hielt' ich's besser, wenn er strenge wäre, und ließe⁵ einen auch wieder zur bestimmten Zeit. Man könnte sich einrichten.⁶ Von der Regentin ist er nun schon zwei Stunden weg; wer weiß, wen er unterwegs angefaßt hat!⁷

Egmont tritt auf.

Egmont. Wie sieht's aus?
Secretär. Ich bin bereit, und drei Boten warten.
Egmont. Ich bin dir wohl zu lang geblieben;⁸ du machst ein verdrießlich Gesicht.
Secretär. Euerm Befehl zu gehorchen, wart' ich schon lange. Hier sind die Papiere!
Egmont. Donna Elvira wird böse auf mich werden, wenn sie hört, daß ich dich abgehalten habe.
Secretär. Ihr scherzt.
Egmont. Nein, nein! Schäme dich nicht! Du zeigst einen guten Geschmack. Sie ist hübsch; und es ist mir ganz recht⁹, daß du auf dem Schlosse eine Freundin hast. Was sagen die Briefe?
Secretär. Mancherlei, und wenig Erfreuliches.
Egmont. Da ist gut, daß wir die Freude zu Haus

---

¹ not yet come. ² I do not know what to do. ³ punctual to the minute. ⁴ he is occasionally indulgent enough. ⁵ let go ⁶ arrange. ⁷ picked up. ⁸ stayed away. ⁹ I am well satisfied.

haben und sie nicht auswärts her zu erwarten brauchen.¹ Ist viel gekommen?

Secretär. Genug, und drei Boten warten.

Egmont. Sag' an! das Nöthigste!

Secretär. Es ist alles nöthig.

Egmont. Eins nach dem andern, nur geschwind!

Secretär. Hauptmann Breda schickt die Relation,² was weiter in Gent und der umliegenden Gegend vorgefallen. Der Tumult hat sich meistens gelegt. —

Egmont. Er schreibt wohl³ noch von einzelnen Ungezogenheiten und Tollkühnheiten?

Secretär. Ja! Es kommt⁴ noch manches vor.⁴

Egmont. Verschone mich damit!

Secretär. Noch⁵ sechs sind eingezogen⁶ worden, die bei Verwich das Marienbild umgerissen haben. Er fragt an, ob er sie auch wie die andern soll hängen lassen?

Egmont. Ich bin des Hängens müde. Man soll sie durchpeitschen, und sie mögen gehen.

Secretär. Es sind zwei Weiber dabei; soll er die auch durchpeitschen?

Egmont. Die mag er verwarnen und laufen lassen.

Secretär. Brink von Breda's Compagnie will heirathen. Der Hauptmann hofft, ihr werdet's ihm abschlagen. Es sind so viele Weiber bei dem Haufen, schreibt er, daß, wenn wir ausziehen⁷, es keinem Soldatenmarsch, sondern einem Zigeunergeschleppe⁸ ähnlich sehen wird.

Egmont. Den mag's noch hingehen!⁹ Es ist ein schöner, junger Kerl; er bat mich noch gar dringend, eh' ich wegging. Aber nun soll's keinem mehr gestattet sein, so leid mir's thut, den armen Teufeln, die ohnedieß geplagt genug sind, ihren besten Spaß zu versagen.

Secretär. Zwei von euern Leuten, Seter und Hart, haben einem Mädel, einer Wirthstochter, übel mitgespielt.¹⁰

---

¹ need. ² report. ³ perhaps. ⁴ happens. ⁵ more. ⁶ arrested
⁷ if we should march. ⁸ gypsy train. ⁹ pass. ¹⁰ ill used.

Sie kriegten sie allein, und die Dirne konnte sich ihrer nicht erwehren.

Egmont. Wenn es ein ehrlich Mädchen ist, und sie haben Gewalt gebraucht, so soll er sie drei Tage hinter einander¹ mit Ruthen streichen² lassen, und wenn sie etwas besitzen, soll er so viel davon einziehen,³ daß dem Mädchen eine Ausstattung⁴ gereicht⁵ werden kann.

Secretär. Einer von den fremden Lehrern ist heimlich durch Coimines gegangen und entdeckt worden. Er schwört, er sei im Begriff nach Frankreich zu gehen. Nach dem Befehl soll er enthauptet werden.

Egmont. Sie sollen ihn in der Stille an die Grenze bringen, und ihm versichern, daß er das zweitemal nicht so wegkommt.⁶

Secretär. Ein Brief von euerm Einnehmer.⁷ Er schreibt, es komme wenig Geld ein, er könne auf die Woche die verlangte Summe schwerlich schicken; der Tumult habe in alles die größte Confusion gebracht.

Egmont. Das Geld muß herbei⁸! er mag sehen, wie er es zusammenbringt.

Secretär. Er sagt, er werde sein Möglichstes thun und wolle endlich den Raymond, der euch so lange schuldig ist, verklagen⁹ und in Verhaft nehmen lassen.

Egmont. Der hat ja versprochen zu bezahlen.

Secretär. Das letztemal setzte¹⁰ er sich selbst vierzehn Tage.

Egmont. So gebe man ihm noch vierzehn Tage; und dann mag er gegen ihn verfahren.

Secretär. Ihr thut wohl. Es ist nicht Unvermögen, es ist böser Wille. Er macht gewiß Ernst, wenn er sieht, ihr spaßt nicht. — Ferner sagt der Einnehmer: er wolle den alten Soldaten, den Wittwen und einigen andern, denen ihr Gnadengehalte gebt, die Gebühr einen halben Monat

---

¹ in succession. ² flogged. ³ confiscate. ⁴ marriage portion
⁵ handed over. ⁶ gets off. ⁷ steward. ⁸ be got. ⁹ sue. ¹⁰ fixed

zurückhalten; man könne indessen Rath schaffen; sie möchten sich einrichten.¹

Egmont. Was ist da einzurichten? Die Leute brauchen das Geld nöthiger als ich. Das soll er bleiben lassen.

Secretär. Woher befehlt ihr denn, daß er das Ge". nehmen soll?

Egmont. Darauf mag er denken; es ist ihm im vorigen Briefe schon gesagt.

Secretär. Deßwegen thut er die Vorschläge.

Egmont. Die taugen nicht², er soll auf was anders sinnen. Er soll Vorschläge thun, die annehmlich sind, und vor allem soll er das Geld schaffen.

Secretär. Ich habe den Brief des Grafen Oliva wieder hierher gelegt. Verzeiht, daß ich euch daran erinnere. Der alte Herr verdient vor allen andern eine ausführliche Antwort. Ihr wolltet ihm selbst schreiben. Gewiß, er liebt euch wie ein Vater.

Egmont. Ich komme nicht dazu.³ Und unter vielem Verhaßten ist mir das Schreiben das Verhaßteste. Du machst⁴ meine Hand ja so gut nach,⁴ schreib' in meinem Namen! Ich erwarte Oranien. Ich komme nicht dazu; und wünschte selbst, daß ihm auf seine Bedenklichkeiten⁵ was recht Beruhigendes geschrieben würde.

Secretär. Sagt mir ungefähr eure Meinung;⁶ ich will die Antwort schon aufsetzen⁷ und sie euch vorlegen.⁸ Geschrieben soll sie werden, daß sie vor Gericht¹⁰ für eure Hand gelten⁹ kann.

Egmont. Gieb mir den Brief! (Nachdem er hineingesehen.) Guter, ehrlicher Alter! Warst du in deiner Jugend auch wohl so bedächtig? Erstiegst du nie einen Wall? Bliebst du in der Schlacht, wo es die Klugheit anräth, hinten? —

---

¹ retrench. ² they won't do. ³ I cannot find time for it. ⁴ you imitate my handwriting so well indeed. ⁵ scruples. ⁶ give me a general outline. ⁷ write. ⁸ bring it for your signature. ⁹ pass for. ¹⁰ in court.

Der treue Sorgliche!¹ Er will mein Leben und mein Glück, und fühlt nicht, daß der schon todt ist, der um seiner Sicherheit willen lebt. — Schreib' ihm, er möge unbesorgt² sein; ich handle, wie ich soll, ich werde mich schon wahren;³ sein Ansehen¹ bei Hofe soll er zu meinen Gunsten brauchen, und meines vollkommenen Dankes gewiß sein.

Secretär. Nichts weiter? O er erwartet mehr.

Egmont. Was soll ich mehr sagen? Willst du mehr Worte machen, so steht's bei dir.⁵ Es dreht sich immer um den Einen Punkt: ich soll leben, wie ich nicht leben mag. Daß ich fröhlich bin, die Sachen leicht nehme, rasch⁶ lebe, das ist mein Glück; und ich vertausch' es nicht gegen die Sicherheit eines Todtengewölbes. Ich⁷ habe nun⁷ zu der Spanischen Lebensart nicht einen Blutstropfen in meinen Adern; nicht Lust, meine Schritte nach der neuen bedächtigen Hofcadenz zu mustern⁸. Leb' ich nur, um auf's Leben zu denken? Soll ich den gegenwärtigen Augenblick nicht genießen, damit ich des folgenden gewiß sei? Und diesen wieder mit Sorgen und Grillen verzehren?

Secretär. Ich bitt' euch, Herr, seid nicht so harsch und rauh gegen den guten Mann! Ihr seid ja sonst gegen alle freundlich. Sagt mir ein gefällig Wort, das den edeln Freund beruhige. Seht, wie sorgfältig er ist, wie leis' er euch berührt!

Egmont. Und doch berührt er immer diese Saite. Er weiß von Alters her,⁹ wie verhaßt mir diese Ermahnungen sind; sie machen¹⁰ nur irre,¹⁰ sie helfen nichts. Und wenn ich ein Nachtwandler wäre, und auf dem gefährlichen Gipfel eines Hauses spazierte, ist es freundschaftlich mich beim Namen zu rufen und mich zu warnen, zu wecken und zu tödten? Laß jeden seines Pfades gehen; er mag sich wahren.

Secretär. Es ziemt euch nicht zu sorgen, aber wer euch kennt und liebt —

---

¹ that faithful friend, full of solicitude. ² without fear. ³ be upon my guard. ⁴ influence. ⁵ you may do so. ⁶ fast. ⁷ I, for one. ⁸ regulate. ⁹ from times gone by. ¹⁰ distract.

Egmont (in den Brief sehend). Da bringt¹ er wieder die alten Mährchen auf,¹ was wir an einem Abend in leichtem Uebermuth³ der Geselligkeit und des Weins getrieben² und gesprochen, und was man daraus für Folgen und Beweise durch's ganze Königreich gezogen und geschleppt habe.⁴ — Nun gut! wir haben Schellenkappen,⁵ Narrenkutten⁶ auf unsrer Diener Aermel sticken lassen, und haben diese tolle Zierde in ein Bündel Pfeile verwandelt; ein noch gefähr= licher Symbol für alle, die deuten wollen, wo nichts zu deuten ist. Wir haben die und jene Thorheit in einem lustigen Augenblick empfangen⁷ und geboren; sind schuld, daß eine ganze edle Schaar mit Bettelsäcken und mit einem selbstgewählten Unnamen⁸ dem Könige seine Pflicht mit spottender Demuth⁹ in's Gedächtniß rief; sind schuld — was ist's nun weiter?¹⁰ Ist ein Fastnachtsspiel gleich Hochver= rath? Sind uns die kurzen, bunten Lumpen zu mißgönnen, die ein jugendlicher Muth, eine angefrischte¹¹ Phantasie um unsers Lebens arme Blöße hängen mag? Wenn ihr das Leben gar zu ernsthaft nehmt, was ist denn dran? Wenn uns der Morgen nicht zu neuen Freuden weckt, am Abend uns keine Lust zu hoffen übrig bleibt: ist's wohl des An= und Ausziehens werth? Scheint mir die Sonne heut, um das zu überlegen, was gestern war? und um zu rathen, zu ver= binden, was nicht zu errathen, nicht zu verbinden ist, das Schicksal eines kommenden Tages? Schenke¹² mir diese Be= trachtungen; wir wollen sie Schülern und Höflingen über lassen. Die mögen sinnen und aussinnen,¹³ wandeln und schleichen, gelangen,¹⁴ wohin sie können, erschleichen, was sie können. — Kannst du von allem diesem etwas brauchen, daß deine Epistel kein Buch wird, so ist mir's recht. Dem guten Alten scheint alles viel zu wichtig. So drückt ein

---

¹ quotes. ² done. ³ lightheaded wantonness. ⁴ circulated.
⁵ fools' cap. ⁶ fools' cowl. ⁷ conceived. ⁸ nickname. ⁹ mock hu=
mility. ¹⁰ well, what of it. ¹¹ heated. ¹² spare. ¹³ **design and
plan.** ¹⁴ **arrive.**

Freund, der lange unsre Hand gehalten, sie stärker noch einmal, wenn er sie lassen¹ will.

Secretär. Verzeiht mir! Es wird dem Fußgänger schwindlig, der einen Mann mit rasselnder Eile daher fahren sieht.

Egmont. Kind! Kind! nicht weiter! Wie von unsichtbaren Geistern gepeitscht, gehen² die Sonnenpferde der Zeit mit unsers Schicksals leichtem Wagen durch², und uns bleibt nichts als, muthig gefaßt,³ die Zügel festzuhalten, und bald rechts bald links, vom Steine hier, vom Sturze⁴ da, die Räder wegzulenken. Wohin es geht, wer weiß es? Erinnert er sich doch kaum, woher er kam.

Secretär. Herr! Herr!

Egmont. Ich stehe hoch, und kann und muß noch höher steigen; ich fühle in mir Hoffnung, Muth und Kraft. Noch hab' ich meines Wachsthums Gipfel nicht erreicht, und steh' ich droben einst, so will ich fest, nicht ängstlich stehen. Soll ich fallen, so mag ein Donnerschlag, ein Sturmwind, ja ein selbst verfehlter⁵ Schritt mich abwärts in die Tiefe stürzen; da lieg' ich mit viel Tausenden. Ich habe nie verschmäht, mit meinen guten Kriegsgesellen um kleinen Gewinnst das blutige Loos zu werfen; und sollt' ich knickern, wenn's um⁶ den ganzen freien Werth des Lebens geht?⁶

Secretär. O Herr! Ihr wißt nicht, was für Worte ihr sprecht! Gott erhalt' euch!

Egmont. Nimm deine Papiere zusammen! Oranien kommt. Fertige aus, was am nöthigsten ist, daß die Boten fortkommen, eh' die Thore geschlossen werden. Das andere hat Zeit. Den Brief an den Grafen laß bis morgen; versäume nicht Elviren zu besuchen, und grüße sie von mir. — — Horche, wie sich die Regentin befindet; sie soll nicht wohl sein, ob sie's gleich verbirgt.

(Secretär ab.)

---

¹ let it drop. ² run away. ³ with calm courage. ⁴ break down
⁵ false. ⁶ is at stake.

Oranien kommt.

Egmont. Willkommen, Oranien! Ihr scheint mir nicht ganz frei.¹

Oranien. Was sagt ihr zu unsrer Unterhaltung mit der Regentin?

Egmont. Ich fand in ihrer Art, uns aufzunehmen, nichts Außerordentliches. Ich habe sie schon öfters so gesehen. Sie schien mir nicht ganz wohl.

Oranien. Merktet² ihr nicht, daß sie zurückhaltender war? Erst wollte sie unser Betragen bei dem neuen Aufruhr des Pöbels gelassen³ billigen, nachher merkte sie an,⁴ was sich doch auch für ein falsches Licht darauf werfen lasse; wich⁵ dann mit dem Gespräch zu ihrem alten gewöhnlichen Discurs, daß man ihre liebevolle, gute Art, ihre Freundschaft zu uns Niederländern nie genug erkannt,⁶ zu leicht behandelt habe, daß nichts einen erwünschten Ausgang⁷ nehmen wolle, daß sie am Ende wohl müde werden, der König sich zu andern Maaßregeln entschließen müsse. Habt ihr das gehört?

Egmont. Nicht alles; ich dachte unterdessen an was anders. Sie ist ein Weib, guter Oranien, und die möchten immer gern, daß sich alles unter ihr sanftes Joch gelassen schmiegte, daß jeder Hercules die Löwenhaut ablegte, und ihren Kunkelhof vermehrte, daß, weil sie friedlich gesinnt⁸ sind, die Gährung, die ein Volk ergreift, der Sturm, den mächtige Nebenbuhler gegen einander erregen, sich durch ein freundlich Wort beilegen⁹ ließe, und die widrigsten¹⁰ Elemente sich zu ihren Füßen in sanfter Eintracht vereinigten. Das ist ihr Fall; und da sie es dahin nicht bringen¹¹ kann, so hat sie keinen Weg, als launisch¹² zu werden, sich über Undankbarkeit, Unweisheit zu beklagen, mit schrecklichen Aussichten

---

¹ at your ease. ² did you not notice. ³ calmly. ⁴ made the remark. ⁵ slipped. ⁶ acknowledge. ⁷ end. ⁸ disposed. ⁹ allayed ¹⁰ hostile. ¹¹ succeed. ¹² peevish.

in die Zukunft zu drohen, und zu drohen — daß sie fortgehen will.

Oranien. Glaubt ihr dasmal nicht, daß sie ihre Drohung erfüllt?¹

Egmont. Nimmermehr! Wie oft habe ich sie schon reisefertig gesehen? Wo will sie denn hin? Hier Statthalterin, Königin; glaubst du, daß sie es unterhalten wird, am Hofe ihres Bruders unbedeutende Tage abzuhaspeln?² oder nach Italien zu gehen und sich in alten Familienverhältnissen herumzuschleppen?

Oranien. Man hält sie dieser Entschließung nicht fähig, weil ihr sie habt zaudern, weil ihr sie habt zurücktreten sehen; dennoch liegt's wohl in ihr; neue Umstände treiben sie zu dem lang verzögerten Entschluß. Wenn sie ginge? und der König schickte einen andern?

Egmont. Nun der würde kommen, und würde eben auch zu thun finden. Mit großen Planen, Projecten und Gedanken würde er kommen, wie er alles zurecht rücken,³ unterwerfen und zusammenhalten wolle; und würde heut mit dieser Kleinigkeit, morgen mit einer andern zu thun haben, übermorgen jene Hinderniß finden, einen Monat mit Entwürfen, einen andern mit Verdruß über fehlgeschlagene⁵ Unternehmen, ein halb Jahr in Sorgen über eine einzige Provinz zubringen.⁴ Auch ihm wird die Zeit vergehen, der Kopf schwindeln,⁶ und die Dinge wie zuvor ihren Gang⁷ halten, daß er, statt weite Meere nach einer vorgezogenen⁸ Linie zu durchsegeln, Gott danken mag, wenn er sein Schiff in diesem Sturme vom Felsen hält.

Oranien. Wenn man nun aber dem König zu einem Versuch riethe?

Egmont. Der wäre?⁹

Oranien. Zu sehen, was der Rumpf ohne Haupt anfinge.

---

¹will do as she has threatened. ²reel off. ³put in order ⁴spend. ⁵miscarried. ⁶swim. ⁷course. ⁸marked. ⁹which would be

Egmont. Wie?

Oranien. Egmont, ich trage viele Jahre her¹ alle unsre Verhältnisse am Herzen, ich stehe immer wie² über einem Schachspiele und halte keinen Zug³ des Gegners für unbedeutend; und wie müßige Menschen mit der größten Sorgfalt sich um die Geheimnisse der Natur bekümmern,⁴ so halt' ich es für Pflicht, für Beruf eines Fürsten, die Gesinnungen, die Rathschläge⁵ aller Parteien zu kennen. Ich habe Ursach', einen Ausbruch zu befürchten. Der König hat lange nach gewissen Grundsätzen gehandelt; er sieht, daß er damit nicht auskommt;⁶ was ist wahrscheinlicher, als daß er es auf einem andern Wege versucht?

Egmont. Ich glaub's nicht. Wenn man alt wird und hat so viel versucht, und es will in der Welt nie zur Ordnung kommen, muß man es endlich wohl genug haben.

Oranien. Eins⁷ hat er noch nicht versucht.

Egmont. Nun?

Oranien. Das Volk zu schonen und die Fürsten zu verderben.

Egmont. Wie viele haben das schon lange gefürchtet! Es ist keine Sorge.⁸

Oranien. Sonst war's Sorge; nach und nach ist mir's Vermuthung,⁹ zuletzt Gewißheit geworden.

Egmont. Und hat der König treuere Diener als uns?

Oranien. Wir dienen ihm auf unsre Art; und unter einander können wir gestehen, daß wir des Königs Rechte und die unsrigen wohl abzuwägen¹⁰ wissen.

Egmont. Wer thut's nicht? Wir sind ihm unterthan und gewärtig¹¹ in dem, was ihm zukommt.¹²

Oranien. Wenn er sich nun aber m e h r zuschriebe,¹³ und Treulosigkeit nennte, was wir heißen auf unsre Rechte halten?¹⁴

---

¹ since. ² as it were. ³ move. ⁴ examine. ⁵ designs. ⁶ do not answer his expectations. ⁷ one thing. ⁸ apprehension. ⁹ suspicion. ¹⁰ balance. ¹¹ he has our duty and submission. ¹² due. ¹³ arrogate. ¹⁴ stand to our rights.

Egmont. Wir werden uns vertheidigen können. Er rufe die Ritter des Vließes zusammen, wir wollen uns richten lassen.¹

Oranien. Und was wäre ein Urtheil vor der Untersuchung?² eine Strafe vor dem Urtheil?

Egmont. Eine Ungerechtigkeit, der sich Philipp nie schuldig machen wird; und eine Thorheit, die ich ihm und seinen Räthen nicht zutraue.³

Oranien. Und wenn sie nun ungerecht und thöricht wären?

Egmont. Nein, Oranien, es ist nicht möglich. Wer sollte wagen, Hand an uns zu legen? — Uns gefangen zu nehmen wär' ein verlornes und fruchtloses Unternehmen. Nein, sie wagen nicht, das Panier der Tyrannei so hoch aufzustecken.⁴ Der Windhauch, der diese Nachricht über's Land brächte,⁵ würde ein ungeheures Feuer zusammen treiben. Und wo hinaus⁶ wollten sie? Richten und verdammen kann nicht der König allein; und wollten sie meuchelmörderisch an unser Leben? — Sie können nicht wollen. Ein schrecklicher Bund würde in einem Augenblick das Volk vereinigen. Haß und ewige Trennung vom Spanischen Namen würde sich gewaltsam erklären.

Oranien. Die Flamme wüthete dann über unserm Grabe, und das Blut unsrer Feinde flösse zum leeren Sühnopfer. Laß uns denken, Egmont!

Egmont. Wie sollten sie aber?

Oranien. Alba ist unterwegs.

Egmont. Ich glaub's nicht.

Oranien. Ich weiß es.

Egmont. Die Regentin wollte⁷ nichts wissen.

Oranien. Um desto mehr bin ich überzeugt. Die

---

¹ we will submit to their sentence. ² trial. ³ think capable. ⁴ raise. ⁵ would waft. ⁶ what object could they have. ⁷ pretended

Regentin wird ihm Platz machen. Seinen Mordsinn¹ kenn'
ich, und ein Heer bringt er mit.

Egmont. Auf's neue die Provinzen zu beläftigen?
Das Volk wird höchst schwierig² werden.

Oranien. Man wird sich der Häupter versichern.

Egmont. Nein! Nein!

Oranien. Laß uns gehen, jeder in seine Provinz!
Dort wollen wir uns verstärken; mit offner Gewalt fängt er
nicht an.

Egmont. Müssen wir ihn nicht begrüßen, wenn er
kommt?

Oranien. Wir zögern.

Egmont. Und wenn er uns im Namen des Königs
bei seiner Ankunft fordert?

Oranien. Suchen wir Ausflüchte.³

Egmont. Und wenn er dringt?⁴

Oranien. Entschuldigen wir uns.

Egmont. Und wenn er drauf besteht?

Oranien. Kommen wir um so weniger.⁵

Egmont. Und der Krieg ist erklärt, und wir sind die
Rebellen. Oranien, laß dich nicht durch Klugheit verführen:
ich weiß, daß Furcht dich nicht weichen macht. Bedenke den
Schritt!

Oranien. Ich hab' ihn bedacht.

Egmont. Bedenke, wenn du dich irrst, woran du schuld
bist; an dem verderblichsten Kriege, der je ein Land verwüstet
hat. Dein Weigern ist das Signal, das die Provinzen mit
einmal zu den Waffen ruft, das jede Grausamkeit recht-
fertigt, wozu Spanien von jeher nur gern den Vorwand ge-
hascht⁶ hat. Was wir lange mühselig gestillt haben, wirst
du mit einem Winke zur schrecklichsten Verwirrung aufhetzen.
Denk' an die Städte, die Edeln, das Volk, an die Hand-
lung,⁷ den Feldbau, die Gewerbe! und denke die Verwüstung.

---

¹ bloodthirsty disposition. ² exasperated. ³ answer evasively.
⁴ grows urgent. ⁵ so much the less. ⁶ sought. ⁷ commerce.

den Mord! — Ruhig sieht der Soldat wohl im Felde seinen Kameraden neben sich hinfallen: aber den Fluß herunter werden dir die Leichen der Bürger, der Kinder, der Jungfrauen entgegenschwimmen,¹ daß du mit Entsetzen dastehst und nicht mehr weißt, wessen Sache du vertheidigst, da die zu Grunde gehen, für deren Freiheit du die Waffen ergreifst.² Und wie wird dir's sein,³ wenn du dir still sagen mußt: Für meine Sicherheit ergriff ich sie!

Oranien. Wir sind nicht einzelne Menschen, Egmont. Ziemt es sich, uns für Tausende hinzugeben,⁴ so ziemt es sich auch, uns für Tausende zu schonen.

Egmont. Wer sich schont, muß sich selbst verdächtig werden.

Oranien. Wer sich kennt, kann sicher vor und rückwärts gehen.

Egmont. Das Uebel, das du fürchtest, wird gewiß durch deine That.

Oranien. Es ist klug und kühn, dem unvermeidlichen Uebel entgegenzugehen.⁵

Egmont. Bei so großer Gefahr kommt⁶ die leichteste Hoffnung in Anschlag.⁶

Oranien. Wir haben nicht für den leisesten Fußtritt⁷ Platz mehr! der Abgrund liegt hart⁸ vor uns.

Egmont. Ist des Königs Gunst ein so schmaler Grund?

Oranien So schmal nicht, aber schlüpfrig.

Egmont. Bei Gott! man thut ihm Unrecht. Ich mag nicht leiden, daß man unwürdig von ihm denkt! Er ist Carls Sohn und keiner Niedrigkeit fähig.

Oranien. Die Könige thun nichts Niedriges.

Egmont. Man sollte ihn kennen lernen.

Oranien. Eben diese Kenntniß räth uns, eine gefährliche Probe nicht abzuwarten.

---

¹ float down. ² taken up. ³ what will be your feelings. ⁴ sacrifice. ⁵ meet. ⁶ is to be taken into consideration. ⁷ foothold ⁸ close.

Egmont. Keine Probe ist gefährlich, zu der mo-Muth hat.

Oranien. Du wirst aufgebracht,[1] Egmont.

Egmont. Ich muß mit meinen Augen sehen.

Oranien. O säh'st du diesmal nur mit den meinigen! Freund, weil du sie offen hast, glaubst du, du siehst. Ich gehe! Warte du Alba's Ankunft ab, und Gott sei bei dir! Vielleicht rettet dich mein Weigern. Vielleicht daß der Drache nichts zu fangen glaubt, wenn er uns nicht beide auf einmal verschlingt. Vielleicht zögert er, um seinen Anschlag sicherer auszuführen; und vielleicht siehest du indeß die Sache in ihrer wahren Gestalt. Aber dann schnell! schnell! Rette! rette dich! — Leb' wohl! — Laß deiner Aufmerksamkeit nichts entgehen: wie viel Mannschaft er mitbringt, wie er die Stadt besetzt, was für Macht die Regentin behält, wie deine Freunde gefaßt[2] sind. Gieb mir Nachricht — — — Egmont —

Egmont. Was willst du?

Oranien (ihn bei der Hand fassend). Laß dich[3] überreden! Geh' mit!

Egmont. Wie[4]? Thränen, Oranien?

Oranien. Einen Verlornen zu beweinen ist auch männlich.

Egmont. Du wähnst mich verloren?

Oranien. Du bist's. Bedenke! Dir bleibt nur eine kurze Frist. Leb' wohl! (Ab.)

Egmont (allein). Daß andrer Menschen Gedanken solchen Einfluß auf uns haben! Mir wär' es nie eingekommen;[5] und dieser Mann trägt[6] seine Sorglichkeit in mich herüber.[6] — Weg! Das ist ein fremder Tropfen in meinem Blute. Gute Natur, wirf ihn wieder heraus! Und von meiner Stirne die sinnenden Runzeln[7] wegzubaden, giebt es ja wohl noch ein freundliches Mittel.

---

[1] irritated. [2] prepared. [3] be. [4] what. [5] did not occur. [6] infects me. [7] furrows of thought.

Dritter Aufzug.

Palast der Regentin.

Margarete von Parma.

Ich hätte mir's vermuthen sollen.¹ Ha! Wenn man in Mühe und Arbeit vor sich hinlebt,² denkt man immer, man thue das Möglichste; und der von weitem zusieht und befiehlt, glaubt, er verlange nur das Mögliche. — O die Könige! — Ich hätte nicht geglaubt, daß es mich so verdrießen könnte. Es ist so schön zu herrschen! — Und abzudanken? — Ich weiß nicht, wie mein Vater es konnte; aber ich will es auch.

Macchiavell erscheint im Grunde.

Regentin. Tretet näher, Macchiavell! Ich denke hier über den Brief meines Bruders.
Macchiavell. Ich darf wissen, was er enthält?
Regentin. So viel zärtliche Aufmerksamkeit für mich, als Sorgfalt für seine Staaten. Er rühmt die Standhaftigkeit, den Fleiß und die Treue, womit ich bisher für die Rechte seiner Majestät in diesen Landen gewacht habe. Er bedauert mich, daß mir das unbändige Volk so viel zu

---

¹ ought to have expected it. ² lives on.

schaffen mache.¹ Er ist von der Tiefe meiner Einsichten so vollkommen überzeugt, mit der Klugheit meines Betragens so außerordentlich zufrieden, daß ich fast sagen muß, der Brief ist für einen König zu schön geschrieben, für einen Bruder gewiß.

Macchiavell. Es ist nicht das erstemal, daß er Euch seine gerechte Zufriedenheit bezeigt.

Regentin. Aber das erstemal, daß es rednerische Figur ist.

Macchiavell. Ich versteh' Euch nicht.

Regentin. Ihr werdet. — Denn er meint, nach diesem Eingange,² ohne Mannschaft, ohne eine kleine Armee werde ich immer hier eine üble Figur spielen³! Wir hätten, sagt er, unrecht gethan, auf die Klagen der Einwohner unsre Soldaten aus den Provinzen zu ziehen. Eine Besatzung, meint er, die dem Bürger auf dem Nacken lastet, verbiete ihm durch ihre Schwere, große Sprünge zu machen.

Macchiavell. Es würde die Gemüther äußerst aufbringen.

Regentin. Der König meint aber, hörst du? — Er meint, daß ein tüchtiger General, so einer, der gar keine Raison annimmt,⁴ gar bald mit Volk und Adel, Bürgern und Bauern fertig⁵ werden könne — und schickt deßwegen mit einem starken Heere — den Herzog von Alba.

Macchiavell. Alba?

Regentin. Du wunderst dich?

Macchiavell. Ihr sagt: er schickt. Er fragt wohl, ob er schicken soll?

Regentin. Der König fragt nicht; er schickt.

Macchiavell. So werdet Ihr einen erfahrnen Krieger in Euern Diensten haben.

Regentin. In meinen Diensten? Rede grad' heraus,⁶ Macchiavell!

---

¹ gives trouble. ² preamble. ³ cut a sorry figure. ⁴ listens to reason. ⁵ manage. ⁶ frankly.

Macchiavell. Ich möcht' Euch nicht vorgreifen.

Regentin. Und ich möchte mich verstellen. Es ist mir empfindlich,¹ sehr empfindlich. Ich wollte lieber, mein Bruder sagte, wie er's denkt, als daß er förmliche Episteln unterschreibt, die ein Staatssecretär aufsetzt.

Macchiavell. Sollte man nicht einsehen —?

Regentin. Und ich kenne sie inwendig und auswendig. Sie möchten's gern gesäubert und gekehrt haben²: und weil sie selbst nicht zugreifen,³ so findet ein jeder Vertrauen, der mit dem Besen in der Hand kommt. O mir ist's, als wenn ich den König und sein Conseil auf dieser Tapete gewirkt⁴ sähe.

Macchiavell. So lebhaft⁵?

Regentin. Es fehlt kein Zug.⁶ Es sind gute Menschen drunter. Der ehrliche Rodrich, der so erfahren und mäßig ist, nicht zu hoch will, und doch nichts fallen läßt, der gerade⁷ Alonzo, der fleißige Freneda, der feste Las Vargas, und noch einige, die mitgehen⁸, wenn die gute Partei mächtig wird. Da sitzt aber der hohläugige Toledaner mit der ehrnen Stirne und dem tiefen Feuerblick, murmelt zwischen den Zähnen von Weibergüte, unzeitigem Nachgeben⁹ und daß Frauen wohl von zugerittnen¹⁰ Pferden sich tragen lassen, selbst aber schlechte Stallmeister¹¹ sind, und solche Späße, die ich ehmals von den politischen Herren habe mit durchhören müssen.

Macchiavell. Ihr habt zu dem Gemälde einen guten Farbentopf gewählt.

Regentin. Gesteht nur, Macchiavell, in meiner ganzen Schattirung,¹² aus der ich allenfalls malen könnte, ist kein Ton so gelbbraun, gallenschwarz, wie Alba's Gesichtsfarbe, und als die Farbe, aus der er malt. Jeder ist bei¹³ ihm gleich ein Gotteslästerer, ein Majestätsschänder,¹⁴ denn aus

---

¹ I feel hurt. ² cleaned and swept. ³ set about it. ⁴ wrought.
⁵ distinctly. ⁶ feature. ⁷ straight forward. ⁸ join. ⁹ concession.
¹⁰ trained. ¹¹ roughrider. ¹² set of colors. ¹³ with. ¹⁴ traitor.

diesem Kapitel kann man sie alle sogleich rädern,² pfählen, viertheilen und verbrennen. — Das Gute, was ich hier gethan habe, sieht gewiß in der Ferne wie nichts aus, eben weil's gut ist. — Da hängt³ er sich an* jeden Muthwillen, der vorbei ist, erinnert an jede Unruhe, die gestillt ist; und es wird dem Könige vor den Augen so voll⁴ Meuterei, Aufruhr und Tollkühnheit, daß er sich vorstellt, sie fräßen sich hier einander auf, wenn eine flüchtig vorübergehende Ungezogenheit eines rohen Volks bei uns lange vergessen ist. Da faßt⁵ er einen recht herzlichen⁶ Haß auf die armen Leute; sie kommen⁷ ihm abscheulich, ja wie Thiere und Ungeheuer vor;⁷ er sieht⁸ sich nach Feuer und Schwert um,⁸ und wähnt, so bändige man Menschen.

Macchiavell. Ihr scheint mir zu heftig, Ihr nehmt die Sache zu hoch.⁹ Bleibt Ihr nicht Regentin?

Regentin. Das kenn' ich. Er wird eine Instruction bringen. — Ich bin in Staatsgeschäften alt genug geworden, um zu wissen, wie man einen verdrängt, ohne ihm seine Bestallung zu nehmen. — Erst wird er eine Instruction bringen, die wird unbestimmt und schief¹⁰ sein; er wird um sich greifen,¹¹ denn er hat die Gewalt: und wenn ich mich beklage, wird er eine geheime Instruction vorschützen;¹² wenn ich sie sehen will, wird er mich herumziehen;¹³ wenn ich drauf bestehe, wird er mir ein Papier zeigen, das ganz was anders enthält; und wenn ich mich da nicht beruhige, gar nicht mehr thun, als wenn ich redete. — Indeß wird er, was ich fürchte, gethan, und was ich wünsche, weit abwärts gelenkt¹⁴ haben.

Macchiavell. Ich wollt', ich könnt' Euch widersprechen.

Regentin. Was ich mit unsäglicher Geduld beruhigte, wird er durch Härte und Grausamkeiten wieder aufhetzen;¹⁵

---

¹ bead. ² break on the wheel. ³ dwells on. ⁴ so much so that the kings see nothing but. ⁵ conceives. ⁶ cordial. ⁷ appear. ⁸ looks about for. ⁹ seriously. ¹⁰ equivocal. ¹¹ extend his authority. ¹² plead. ¹³ have some excuses. ¹⁴ avoided. ¹⁵ stir up

ich werde vor meinen Augen mein Werk verloren sehen, und überdieß noch seine Schuld zu tragen[1] haben.

Macchiavell. Erwarten's Eure Hoheit!

Regentin. So viel Gewalt hab' ich über mich, um stille zu sein. Laß ihn kommen; ich werde ihm mit der besten Art Platz machen, eh' er mich verdrängt.

Macchiavell. So rasch diesen wichtigen Schritt?

Regentin. Schwerer als du denkst. Wer zu herrschen gewohnt ist, wer's hergebracht hat[2], daß jeden Tag das Schicksal von Tausenden in seiner Hand liegt, steigt[3] vom Throne wie in's Grab. Aber besser so, als einem Gespenste gleich unter den Lebenden bleiben, und mit hohlem Ansehen[4] einen Platz behaupten wollen, den ihm ein anderer **abgeerbt hat,** und nun besitzt und genießt.

Clärchen's Wohnung.

Clärchen. Mutter.

Mutter. So eine Liebe, wie Brackenburg's, hab' ich nie gesehen; ich glaubte, sie sei nur in Heldengeschichten.[5]

Clärchen (geht in der Stube auf und ab, ein Lied zwischen den Lippen summend).

  Glücklich allein
  Ist die Seele, die liebt.

Mutter. Er vermuthet deinen Umgang mit Egmont; und ich glaube, wenn du ihm ein wenig freundlich thätest,[6] wenn du wolltest, er heirathete dich noch.

---

[1] take the blame for his doings. [2] who has become used to it. [3] descends. [4] authority. [5] romances. [6] show him a little kindness.

Clärchen (singt).

Freudvoll
Und leidvoll,
Gedankenvoll sein;
Langen¹
Und bangen²
In schwebender Pein;³
Himmelhoch jauchzend,
Zum Tode betrübt;
Glücklich allein
Ist die Seele, die liebt.

Mutter. Laß das Heiopopeio!
Clärchen. Scheltet mir's nicht!⁴ Es ist ein kräftig' Lied. Hab' ich doch schon manchmal ein großes Kind damit schlafen gewiegt.
Mutter. Du hast doch nichts im Kopf als deine Liebe. Vergäßest du nur nicht alles über das Eine. Den Brackenburg solltest du in Ehren halten,⁶ sag' ich dir. Er kann dich noch einmal glücklich machen.
Clärchen. Er?
Mutter. O ja! es kommt eine Zeit! — Ihr Kinder seht nichts voraus, und überhorcht unsre Erfahrungen. Die Jugend und die schöne Liebe, alles hat sein Ende; und es kommt eine Zeit, wo man Gott dankt, wenn man irgendwo unterkriechen kann.
Clärchen (schaudert, schweigt und fährt auf). Mutter, laßt die Zeit kommen wie den Tod. Dran vorzudenken ist schreckhaft! Und wenn er kommt! Wenn wir müssen — dann wollen wir uns gebärden⁷ wie wir können — Egmont, ich dich entbehren! — (In Thränen.) Nein, es ist nicht möglich, nicht möglich.

Egmont in einem Reitermantel, den Hut in's Gesicht gedrückt, tritt auf.

Egmont. Clärchen!

---

¹ long for. ² fear. ³ painful suspense. ⁴ don't abuse it
⁵ excellent. ⁶ show regard for. ⁷ conduct ourselves.

Clärchen (thut einen Schrei, fährt¹ zurück). Egmont! (Sie stürzt auf ihn zu.) Egmont! (Sie umarmt ihn und ruht an ihm.) O du Guter, Lieber, Süßer! Kommst du? bist du da!

Egmont. Guten Abend, Mutter!

Mutter. Gott grüß' euch, edler Herr! Meine Kleine ist fast vergangen,² daß ihr so lang ausbleibt; sie hat wieder den ganzen Tag von euch geredet und gesungen.

Egmont. Ihr gebt mir doch ein Nachtessen?

Mutter. Zu viel Gnade.³ Wenn wir nur etwas hätten.

Clärchen. Freilich! Seid nur ruhig, Mutter; ich habe schon alles darauf eingerichtet,⁴ ich habe etwas zubereitet. Verrathet mich nicht, Mutter!

Mutter. Schmal genug.

Clärchen. Wartet nur! Und dann denk' ich: wenn er bei mir ist, hab' ich gar keinen Hunger; da sollte er auch keinen großen Appetit haben, wenn ich bei ihm bin.

Egmont. Meinst du? (Clärchen stampft mit dem Fuße und kehrt sich unwillig um.) Wie ist dir?⁵

Clärchen. Wie seid ihr heute so kalt! Ihr habt mir noch keinen Kuß angeboten. Warum habt ihr die Arme in den Mantel gewickelt, wie ein Wochenkind⁶? Ziemt keinem Soldaten noch Liebhaber die Arme eingewickelt zu haben.

Egmont. Zu Zeiten, Liebchen, zu Zeiten. Wenn der Soldat auf der Lauer steht⁷ und dem Feinde etwas ablisten möchte, da nimmt er sich zusammen, faßt sich selbst in seine Arme und kaut seinen Anschlag reif. Und ein Liebhaber —

Mutter. Wollt ihr euch nicht setzen? es euch nicht bequem machen? Ich muß in die Küche; Clärchen denkt an nichts, wenn ihr da seid. Ihr müßt fürlieb⁸ nehmen.

Egmont. Euer guter Wille ist die beste Würze.

(Mutter ab.)

---

¹ starts. ² pined to death. ³ condescension. ⁴ arranged. ⁵ what ails you. ⁶ child in swathing clothes. ⁷ lies in ambush ⁸ take pot luck.

Clärchen. Und was wäre¹ denn meine Liebe?
Egmont. So viel du willst.
Clärchen. Vergleicht sie, wenn ihr das Herz habt!
Egmont. Zuvörderst also² — (Er wirft den Mantel ab und steht in einem prächtigen Kleide da.)
Clärchen. O je!³
Egmont. Nun hab' ich die Arme frei. (Er herzt sie.)
Clärchen. Laßt⁴! Ihr verderbt euch⁵. (Sie tritt zurück.) Wie prächtig! Da darf ich euch nicht anrühren.
Egmont. Bist du zufrieden? Ich versprach dir, einmal Spanisch zu kommen.
Clärchen. Ich bat euch zeither nicht mehr drum; ich dachte, ihr wolltet nicht. — Ach und das goldne Bließ!
Egmont. Da siehst du's nun.
Clärchen. Das hat dir der Kaiser umgehängt?
Egmont. Ja, mein Kind! und Kette und Zeichen geben⁶ dem, der sie trägt, die edelsten Freiheiten. Ich erkenne⁷ auf Erden keinen Richter über meine Handlungen, als den Großmeister des Ordens mit dem versammelten Kapitel der Ritter.
Clärchen. O du dürftest die ganze Welt über dich richten lassen! — Der Sammet ist gar zu herrlich, und die Passementarbeit! und das Gestickte! — Man weiß nicht, wo man anfangen soll.
Egmont. Sieh dich nur satt!⁸
Clärchen. Und das goldne Bließ! Ihr erzähltet mir die Geschichte und sagtet, es sei ein Zeichen alles Großen und Kostbaren, was man mit Müh' und Fleiß verdient und erwirbt.⁹ Es ist sehr kostbar. — Ich kann's deiner Liebe vergleichen. — Ich trage sie ebenso am Herzen — und hernach¹⁰ —
Egmont. Was willst du sagen?

---

¹ is worth. ² then. ³ dear me. ⁴ don't. ⁵ your dress. ⁶ bestow upon him. ⁷ acknowledge. ⁸ look as long as you like. ⁹ wins ¹⁰ then.

Clärchen. Hernach vergleicht sich's auch wieder nicht.
Egmont. Wie so?
Clärchen. Ich habe sie nicht mit Müh' und Fleiß erworben, nicht verdient.
Egmont. In der Liebe ist es anders. Du verdienst sie, weil du dich nicht darum bewirbst — und die Leute erhalten sie auch meist allein, die nicht darnach jagen.
Clärchen. Hast du das von dir abgenommen?¹ Hast du diese stolze Anmerkung über dich selbst gemacht? Du, den alles Volk liebt?
Egmont. Hätt' ich nur etwas für sie gethan! könnt' ich etwas für sie thun! Es ist ihr guter Wille, mich zu lieben.
Clärchen. Du warst gewiß heute bei der Regentin?
Egmont. Ich war bei ihr.
Clärchen. Bist du gut² mit ihr?
Egmont. Es sieht einmal so aus. Wir sind einander freundlich und dienstlich.
Clärchen. Und im Herzen?
Egmont. Will ich ihr wohl. Jedes hat seine eignen Absichten. Das thut nichts zur Sache.³ Sie ist eine treffliche Frau, kennt ihre Leute, und sähe tief genug, wenn sie auch nicht argwöhnisch wäre. Ich mache ihr viel zu schaffen,⁴ weil sie hinter meinem Betragen immer Geheimnisse sucht, und ich keine habe.
Clärchen. So gar keine?
Egmont. Eh nun!⁵ einen kleinen Hinterhalt.⁶ Jeder Wein setzt⁷ Weinstein in den Fässern an⁷ mit der Zeit. Oranien ist doch noch eine bessere Unterhaltung für sie und eine immer neue Aufgabe. Er hat sich in den Credit gesetzt,⁸ daß er immer etwas Geheimes vorhabe; und nun sieht⁴ sie immer nach⁹ seiner Stirne, was er wohl denken, auf seine Schritte, wohin er sie wohl richten möchte.

---

¹ come to this conclusion. ² on good terms. ³ is of no consequence. ⁴ I give her a good deal of trouble. ⁵ well. ⁶ reserve ⁷ deposits. ⁸ he has made the impression on her. ⁹ examines.

Clärchen. Verstellt sie sich?
Egmont. Regentin, und du fragst?
Clärchen. Verzeiht, ich wollte fragen: Ist sie falsch?
Egmont. Nicht mehr und nicht weniger, als jeder, der seine Absichten² erreichen¹ will.
Clärchen. Ich könnte mich in die Welt nicht finden.³ Sie hat aber auch einen männlichen Geist, sie ist ein ander Weib, als wir Nätherinnen und Köchinnen. Sie ist groß, herzhaft, entschlossen.
Egmont. Ja, wenn's nicht gar zu bunt geht.⁴ Dießmal ist sie doch ein wenig aus der Fassung.
Clärchen. Wie so?
Egmont. Sie hat auch ein Bärtchen auf der Oberlippe, und manchmal einen Anfall von Podagra. Eine rechte Amazone!
Clärchen. Eine majestätische Frau! Ich scheute mich, vor sie zu treten.
Egmont. Du bist doch sonst nicht zaghaft. — Es wäre auch nicht Furcht, nur jungfräuliche Scham. (Clärchen schlägt⁵ die Augen nieder,⁵ nimmt seine Hand und lehnt sich an ihn.) Ich verstehe dich, liebes Mädchen, du darfst die Augen aufschlagen.⁶ (Er küßt ihre Augen.)
Clärchen. Laß mich schweigen! Laß mich dich halten! Laß mich dir in die Augen sehen, alles drin finden, Trost und Hoffnung und Freude und Kummer! (Sie umarmt ihn und sieht ihn an.) Sag' mir! Sage! ich begreife nicht! bist du Egmont? der Graf Egmont? der große Egmont, der so viel Aufsehen⁷ macht, von dem in den Zeitungen steht,⁸ an dem die Provinzen hängen?⁹
Egmont. Nein, Clärchen, das bin ich nicht.
Clärchen. Wie?
Egmont. Siehst du, Clärchen! — Laß mich sitzen. —
(Er setzt sich, sie kniet vor ihn auf einen Schemel, legt ihre Arme auf seine

---

¹attain. ²ends. ³I should never feel at home. ⁴yes, unless affairs are very unsettled. ⁵casts down. ⁶look up. ⁷creates such a sensation. ⁸of whom the papers speak. ⁹are attached.

Schooß¹ und sieht ihn an.) Jener Egmont ist ein verdrießlicher, steifer, kalter Egmont, der an sich halten,² bald dieses, bald jenes Gesicht machen³ muß; geplagt, verkannt, verwickelt⁴ ist, wenn ihn die Leute für froh und fröhlich halten; geliebt von einem Volke, das nicht weiß, was es will; geehrt und in die Höhe getragen⁵ von einer Menge, mit der nichts anzufangen⁶ ist; umgeben von Freunden, denen er sich nicht überlassen darf; beobachtet von Menschen, die ihm auf alle Weise beikommen⁷ möchten; arbeitend und sich bemühend, oft ohne Zweck, meist ohne Lohn. — O laß mich schweigen, wie es dem ergeht, wie es dem zu Muthe ist.⁸ Aber dieser, Clärchen, der ist ruhig, offen, glücklich, geliebt und gekannt von dem besten Herzen, das auch er ganz kennt und mit voller Liebe und Zutrauen an das seine drückt. (Er umarmt sie.) Das ist dein Egmont!

Clärchen. So laß mich sterben! Die Welt hat keine Freuden auf diese!

---

¹ knees. ² be reserved. ³ show. ⁴ embarrassed. ⁵ extolled ⁶ done. ⁷ get at him. ⁸ what his feelings are.

Vierter Aufzug.

Straße.

Jetter. Zimmermeister.

Jetter. He! Pst! He, Nachbar, ein Wort!
Zimmermeister. Geh, deines Pfads, und sei ruhig!
Jetter. Nur ein Wort! Nichts Neues?
Zimmermeister. Nichts, als daß uns von neuem zu reden verboten ist.
Jetter. Wie?
Zimmermeister. Tretet hier an's Haus an! Hütet euch! Der Herzog von Alba hat gleich bei seiner Ankunft einen Befehl ausgehen lassen[1], dadurch zwei oder drei, die auf der Straße zusammen sprechen, des Hochverraths ohne Untersuchung schuldig erklärt sind.
Jetter. O weh!
Zimmermeister. Bei[2] ewiger Gefangenschaft ist verboten, von Staatssachen zu reden.
Jetter. O unsre Freiheit!
Zimmermeister. Und bei Todesstrafe soll niemand die Handlungen der Regierung mißbilligen.
Jetter. O unsre Köpfe!

---

[1] published. [2] on pain of.

Zimmermeister. Und mit großem Versprechen werden Väter, Mütter, Kinder, Verwandte, Freunde, Dienstboten eingeladen, was in dem Innersten des Hauses vorgeht,[1] bei dem besonders niedergesetzten Gerichte[2] zu offenbaren.

Jetter. Gehen wir nach Hause.

Zimmermeister. Und den Folgsamen ist versprochen, daß sie weder an Leibe noch Ehre, noch Vermögen einige Kränkung erdulden sollen.

Jetter. Wie gnädig! War mir's doch gleich weh, wie der Herzog in die Stadt kam. Seit der Zeit ist mir's, als wäre der Himmel mit einem schwarzen Flor überzogen, und hinge so tief herunter, daß man sich bücken müsse, um nicht dran zu stoßen.

Zimmermeister. Und wie haben dir seine Soldaten gefallen? Gelt! das ist eine andere Art von Krebsen, als wir sie sonst gewohnt waren.

Jetter. Pfui! Es schnürt einem das Herz ein,[3] wenn man so einen Haufen die Gassen hinab marschiren sieht. Kerzengrad, mit unverwandtem Blick, Ein Tritt, so viel ihrer sind. Und wenn sie auf der Schildwache stehen und du gehst an einem vorbei, ist's, als wenn er dich durch und durch sehen wollte, und sieht so steif und mürrisch aus, daß du auf allen Ecken einen Zuchtmeister[4] zu sehen glaubst. Sie thun mir gar nicht wohl.[5] Unsre Miliz war doch noch ein lustig Volk; sie nahmen sich was heraus,[6] standen mit auseinandergegrätschten Beinen da, hatten den Hut überm Ohr, bóten und ließen leben; diese Kerle aber sind wie Maschinen, in denen ein Teufel sitzt.

Zimmermeister. Wenn so einer ruft: „Halt!" und anschlägt[7], meinst du, man hielte?

Jetter. Ich wäre gleich des Todes.

Zimmermeister. Gehen wir nach Hause?

---

[1] occurs. [2] special court. [3] makes my heart ache. [4] turnkey they don't make me feel comfortable, I tell you. [6] took liberties. presents his musket at you. [5] that would be the death of me.

Jetter. Es wird nicht gut.¹ Adieu.

Soest tritt dazu.

Soest. Freunde! Genossen!
Zimmermeister. Still! Laßt uns gehen.
Soest. Wißt ihr?
Jetter. Nur zu viel!
Soest. Die Regentin ist weg.
Jetter. Nun gnad'² uns Gott!
Zimmermeister. Die hielt uns noch.
Soest. Auf einmal und in der Stille. Sie konnte sich mit dem Herzog nicht vertragen³; sie ließ' dem Adel melden,⁴ sie komme wieder. Niemand glaubt's.
Zimmermeister. Gott verzeih's dem Adel, daß er uns diese neue Geißel über den Hals gelassen hat.⁵ Sie hätten es abwenden können. Unsre Privilegien sind hin.
Jetter. Um Gotteswillen nichts von Privilegien! Ich wittre den Geruch von einem Executionsmorgen; die Sonne will nicht hervor,⁶ die Nebel stinken.
Soest. Oranien ist auch weg.⁷
Zimmermeister. So sind wir denn ganz verlassen?
Soest. Graf Egmont ist noch da.
Jetter. Gott sei Dank! Stärken ihn alle Heiligen, daß er sein Bestes thut! der ist allein was vermögend.⁸

Vansen tritt auf.

Vansen. Find ich endlich ein paar, die noch nicht untergekrochen sind?
Jetter. Thut uns den Gefallen und geht fürbaß!⁹
Vansen. Ihr seid nicht höflich.
Zimmermeister. Es ist gar keine Zeit zu Complimenten.

---

¹ It cannot turn out well. ² God be merciful on us. ³ agree.
⁴ sent word to. ⁵ has brought upon us. ⁶ come out. ⁷ gone. ⁸ has influence. ⁹ go your way.

Juckt euch der Buckel wieder? Seid ihr schon durchgeheilt?

Vansen. Fragt einen Soldaten nach seinen Wunden! Wenn ich auf Schläge was gegeben¹ hätte, wäre seine Tage nichts aus mir geworden.

Jetter. Es kann ernstlicher werden.

Vansen. Ihr spürt² von dem Gewitter, das aufsteigt, eine erbärmliche Mattigkeit in den Gliedern, scheint's.

Zimmermeister. Deine Glieder werden sich bald wo anders eine Motion machen, wenn du nicht ruhst.

Vansen. Armselige Mäuse, die gleich verzweifeln, wenn der Hausherr eine neue Katze anschafft!³ Nur ein bißchen anders; aber wir treiben unser Wesen vor wie nach;⁴ seid nur ruhig!

Zimmermeister. Du bist ein verwegener Taugenichts.

Vansen. Gevatter Tropf!⁵ Laß du den Herzog nur gewähren.⁶ Der alte Kater sieht aus, als wenn er Teufel statt Mäuse gefressen hätte und könnte sie nun nicht verdauen. Laßt ihn nur erst;⁷ er muß auch essen, trinken, schlafen wie andere Menschen. Es ist mir nicht bange, wenn wir unsre Zeit recht nehmen. Im Anfange geht's rasch; nachher wird er auch finden, daß in der Speisekammer unter den Speckseiten besser leben ist und des Nachts zu ruhen, als auf dem Fruchtboden einzelne Mäuschen zu erlisten.⁸ Geht nur,⁹ ich kenne die Statthalter.

Zimmermeister. Was so einem Menschen alles durchgeht!¹⁰ Wenn ich in meinem Leben so etwas gesagt hätte, hielt' ich mich keine Minute für sicher.

Vansen. Seid nur ruhig! Gott im Himmel erfährt nichts von euch Würmern, geschweige¹¹ der Regent.

Jetter. Lästermaul!

---

¹thought much of. ²feel. ³gets. ⁴we go on much as before. ⁵my good fellow. ⁶let the duke have his own way. ⁷wait a bit. ⁸entrap. ⁹I tell you. ¹⁰may talk with impunity. ¹¹much less.

Vansen. Ich weiß andere, denen[1] es besser wäre, sie hätten statt ihres Heldenmuths eine Schneiderader im Leibe.

Zimmermeister. Was wollt[2] ihr damit sagen?

Vansen. Hm! den Grafen mein' ich.

Jetter. Egmont! Was soll der fürchten?

Vansen. Ich bin ein armer Teufel, und könnte ein ganzes Jahr leben von dem, was er in Einem Abende verliert. Und doch könnt' er mir sein Einkommen eines ganzen Jahrs geben, wenn er meinen Kopf auf eine Viertelstunde hätte.

Jetter. Du denkst dich was Recht's.[3] Egmont's Haare sind gescheidter als dein Hirn.

Vansen. Redt't ihr! aber nicht feiner.[4] Die Herren betrügen sich am ersten. Er sollte nicht trauen.

Jetter. Was er schwätzt! so ein Herr!

Vansen. Eben weil er kein Schneider ist.

Jetter. Ungewaschen Maul![5]

Vansen. Dem wollt' ich eure Courage nur eine Stunde in die Glieder wünschen, daß sie ihm da Unruh' machte und ihn so lange neckte und juckte, bis er aus der Stadt müßte.

Jetter. Ihr redet recht unverständig; er ist so sicher wie der Stern am Himmel.

Vansen. Hast du nie einen sich schneuzen[6] gesehen? Weg war er!

Zimmermeister. Wer will ihm denn was thun?

Vansen. Wer will? Willst du's etwa[7] hindern? Willst du einen Aufruhr erregen, wenn sie ihn gefangen nehmen?

Jetter. Ah!

Vansen. Wollt ihr eure Rippen für ihn wagen?

Soest. Eh!

Vansen (sie nachäffend). Ih! Oh! Uh! Verwundert

---

[1] for whom. [2] do you mean to. [3] you have a high opinion of yourself. [4] smarter. [5] dirty scoundrel. [6] shoot. [7] perhaps.

euch durch's ganze Alphabet. So ist's und bleibt's! Gott bewahre ihn!

Jetter. Ich erschrecke über eure Unverschämtheit. So ein edler, rechtschaffener Mann sollte was zu befürchten haben?

Vansen. Der Schelm sitzt¹ überall im¹ Vortheil. Auf dem Armensünderstühlchen² hat er³ den Richter zum Narren;⁴ auf dem Richterstuhl macht er den Inquisiten⁴ mit Lust zum Verbrecher. Ich habe so ein Protokoll abzuschreiben gehabt, wo der Commissarius schwer Lob und Geld vom Hofe erhielt, weil er einen ehrlichen Teufel, an den man wollte,⁵ zum Schelmen verhört⁶ hatte.

Zimmermeister. Das ist wieder frisch gelogen.⁷ Was wollen sie denn heraus verhören, wenn einer unschuldig ist?

Vansen. O Spatzenkopf!⁸ Wo nichts heraus zu verhören ist, da verhört man hinein. Ehrlichkeit macht unbesonnen, auch wohl trotzig. Da fragt man erst recht sachte⁹ weg, und der Gefangene ist stolz auf seine Unschuld, wie sie's heißen, und sagt alles grad' zu,¹⁰ was ein Verständiger verbärge. Dann macht der Inquisitor aus den Antworten wieder Fragen, und paßt ja auf, wo irgend ein Widersprüchelchen erscheinen will; da knüpft¹¹ er seinen Strick an,¹¹ und läßt sich der dumme Teufel betreten,¹² daß er hier etwas zu viel, dort etwas zu wenig gesagt, oder wohl gar¹³ aus Gott weiß was für einer Grille einen Umstand verschwiegen hat, auch wohl irgend an einem Ende sich hat schrecken lassen,¹⁴ dann sind wir auf dem rechten Wege! Und ich versichre euch, mit mehr Sorgfalt suchen die Bettelweiber nicht die Lumpen aus dem Kehricht, als so ein Schelmenfabrikant aus kleinen, schiefen, verschobenen, verrückten, verdrückten,¹⁵ geschlossenen, bekannten, geläugneten Anzeigen und Umstän-

---

¹ has. ² in the dock. ³ he makes a fool of. ⁴ defendant. ⁵ whom they wanted to ruin. ⁶ cross examined into. ⁷ a downright lie. ⁸ blockhead. ⁹ gently. ¹⁰ he frankly tells. ¹¹ attaches. ¹² to be caught. ¹³ perhaps even. ¹⁴ or, may be, has been intimidated about some point. ¹⁵ crooked, distorted, disjointed, displaced.

ben sich endlich einen strohlumpenen Vogelscheu zusammen⸗
künstelt,¹ um wenigstens seinen Inquisiten in effigie hängen
zu können. Und Gott mag der arme Teufel danken, wenn
er sich noch kann hängen sehen.

Jetter. Der hat eine geläufige² Zunge.

Zimmermeister. Mit Fliegen mag das angehen.³ Die
Wespen lachen eures Gespinnstes.

Vansen. Nachdem⁴ die Spinnen sind. Seht, der lange
Herzog hat euch so ein rein Ansehn⁵ von einer Kreuzspinne,
nicht einer dickbäuchigen, die sind weniger schlimm, aber so
einer langfüßigen, schmalleibigen, die vom Fraße nicht feist
wird und recht dünne Fäden zieht, aber desto zähere.

Jetter. Egmont ist Ritter des goldnen Vließes; wer
darf Hand an ihn legen? Nur von seines Gleichen kann
er gerichtet werden, nur vom gesammten Orden.⁶ Dein
loses Maul,⁷ dein böses Gewissen verführen dich zu solchem
Geschwätz.

Vansen. Will ich ihm darum übel? Mir kann's recht
sein.⁸ Es ist ein trefflicher Herr. Ein paar meiner guten
Freunde, die anderwärts schon wären gehangen worden,
hat er mit einem Buckel voll Schläge⁹ verabschiedet. Nun
geht! Geht! Ich rath' es euch selbst. Dort seh' ich wieder
eine Runde antreten:¹⁰ die sehen nicht aus, als wenn sie so
bald Brüderschaft mit uns trinken würden.¹¹ Wir wollen's
abwarten, und nur sachte zusehen. Ich hab' ein Paar
Nichten und einen Gevatter Schenkwirth; wenn sie von
denen gekostet haben, und werden dann nicht zahm, so sind
sie ausgepichte¹² Wölfe.

---

¹stitched together. ²glib. ³that will do for. ⁴according to
the kind of. ⁵looks exactly like. ⁶chapter. ⁷foul tongue.
⁸that's all the same to me. ⁹sound whipping. ¹⁰fall in. ¹¹hail
fellow well met. ¹²regular.

Der Culenburgische Palast.

Wohnung des Herzogs von Alba.

Silva und Gomez begegnen einander.

Silva. Hast du die Befehle des Herzogs ausgerichtet?

Gomez. Pünktlich. Alle täglichen Runden sind beordert, zur bestimmten Zeit an verschiedenen Plätzen einzutreffen, die ich ihnen bezeichnet habe; sie gehen indeß, wie gewöhnlich, durch die Stadt, um Ordnung zu erhalten. Keiner weiß von dem andern; jeder glaubt, der Befehl gehe ihn allein an, und in einem Augenblick kann alsdann der Cordon gezogen und alle Zugänge zum Palast können besetzt sein. Weißt du die Ursache dieses Befehls?

Silva. Ich bin gewohnt, blindlings zu gehorchen. Und wem gehorcht sich leichter als dem Herzoge? da bald der Ausgang[1] beweis't, daß er recht befohlen hat.

Gomez. Gut! Gut! Auch scheint es mir kein Wunder, daß du so verschlossen und einsilbig wirst wie er, da du immer um ihn sein mußt. Mir kommt[2] es fremd vor,[2] da ich den leichtern Italienischen Dienst gewohnt bin. An Treue und Gehorsam bin ich der alte; aber ich habe mir das Schwätzen und Raisonniren[3] angewöhnt. Ihr schweigt alle und laßt es euch nie wohl sein.[4] Der Herzog gleicht mir einem ehrnen Thurm ohne Pforte, wozu die Besatzung Flügel hätte. Neulich hört' ich ihn bei Tafel von einem frohen, freundlichen Menschen sagen, er sei wie eine schlechte Schenke[5] mit einem ausgesteckten Branntweinzeichen,[6] um Müßiggänger, Bettler und Diebe hereinzulocken.

Silva. Und hat er uns nicht schweigend hierher geführt?

---

[1] end. [2] seems. [3] discussing. [4] never enjoy yourself. [5] low tavern. [6] sign of a bar room (gin shops have a juniper branch as a sign).

Gomez. Dagegen ist nichts zu sagen. Gewiß! Wer Zeuge seiner Klugheit war, wie er die Armee aus Italien hierher brachte, der hat etwas gesehen. Wie er sich durch Freund und Feind, durch die Franzosen, Königlichen und Ketzer, durch die Schweizer und Verbundenen gleichsam durchschmiegte,¹ die strengste Mannszucht hielt, und einen Zug,² den man so gefährlich achtete, leicht und ohne Anstoß³ zu leiten wußte! — Wir haben was gesehen, was lernen können.

Silva. Auch hier! Ist nicht alles still und ruhig, als wenn kein Aufstand gewesen wäre?

Gomez. Nun, es war auch schon meist still, als wir herkamen.

Silva. In den Provinzen ist es viel ruhiger geworden: und wenn sich noch einer bewegt, so ist es um zu entfliehen. Aber auch diesem wird er die Wege bald versperren, denk' ich.

Gomez. Nun wird er erst die Gunst des Königs gewinnen.

Silva. Und uns bleibt nichts angelegner,⁴ als uns die seinige zu erhalten. Wenn der König hierher kommt, bleibt gewiß der Herzog und jeder, den er empfiehlt, nicht unbelohnt.

Gomez. Glaubst du, daß der König kommt?

Silva. Es werden so viele Anstalten⁵ gemacht, daß es höchst wahrscheinlich ist.

Gomez. Mich überreden sie nicht.

Silva. So rede wenigstens nicht davon! Denn wenn des Königs Absicht ja nicht sein sollte zu kommen, so ist sie's doch wenigstens gewiß, daß man es glauben soll.

Ferdinand, Alba's natürlicher Sohn, tritt auf.

Ferdinand. Ist mein Vater noch nicht heraus?

---

¹ slipped through. ² march. ³ accident. ⁴ important. ⁵ arrangements.

Silva. Wir warten auf ihn.
Ferdinand. Die Fürsten werden bald hier sein.
Gomez. Kommen sie heute?
Ferdinand. Oranien und Egmont.
Gomez (leise zu Silva). Ich begreife etwas.¹
Silva. So behalt' es für dich.

Herzog von Alba tritt auf.

(Wie er herein- und hervortritt, treten die andern zurück.)

Alba. Gomez!
Gomez (tritt vor). Herr!
Alba. Du hast die Wachen vertheilt und beordert?
Gomez. Auf's genauste. Die täglichen Runden —
Alba. Genug. Du wartest in der Galerie. Silva wird dir den Augenblick sagen, wenn du sie zusammenziehen, die Zugänge nach dem Palast besetzen sollst. Das übrige weißt du.
Gomez. Ja, Herr! (Ab.)
Alba. Silva!
Silva. Hier bin ich.
Alba. Alles, was ich von jeher an dir geschätzt habe, Muth, Entschlossenheit, unaufhaltsames Ausführen, das zeige heut!
Silva. Ich danke euch, daß ihr mir Gelegenheit gebt, zu zeigen, daß ich der alte² bin.
Alba. Sobald die Fürsten bei mir eingetreten sind, dann eile gleich, Egmont's Geheimschreiber gefangen zu nehmen. Du hast alle Anstalten gemacht, die übrigen, welche bezeichnet sind, zu fahen?³
Silva. Vertrau' auf uns! Ihr Schicksal wird sie, wie eine wohlberechnete Sonnenfinsterniß, pünktlich und schrecklich treffen.
Alba. Hast du sie genau beobachten lassen?

---
¹ I begin to see it (I smell a rat).   ² still the same.   ³ arrest.

Silva. Alle; den Egmont vor andern. Er ist der einzige, der, seit du hier bist, sein Betragen nicht geändert hat. Den ganzen Tag von einem Pferd auf's andre, ladet Gäste, ist immer lustig und unterhaltend bei Tafel, würfelt, schießt und schleicht Nachts zum Liebchen. Die andern haben dagegen eine merkliche Pause in ihrer Lebensart gemacht, sie bleiben bei sich; vor ihrer Thüre sieht's aus, als wenn ein Kranker im Hause wäre.

Alba. Drum rasch! eh' sie uns wider Willen genesen!

Silva. Ich stelle sie.[1] Auf deinen Befehl überhäufen wir sie mit dienstfertigen Ehren. Ihnen graut's; politisch geben sie uns einen ängstlichen Dank, fühlen, das Räthlichste sei zu entfliehen; keiner wagt einen Schritt, sie zaudern, können sich nicht vereinigen, und einzeln etwas Kühnes zu thun hält sie der Gemeingeist[2] ab. Sie möchten gern sich jedem Verdacht entziehen, und machen sich immer verdächtiger. Schon seh' ich mit Freuden deinen ganzen Anschlag ausgeführt.

Alba. Ich freue mich nur über das Geschehene, und auch über das nicht leicht; denn es bleibt stets noch übrig,[3] was uns zu denken und zu sorgen giebt. Das Glück ist eigensinnig, oft das Gemeine, das Nichtswürdige zu adeln und wohlüberlegte Thaten mit einem gemeinen Ausgang zu entehren. Verweile, bis die Fürsten kommen; dann gieb Gomez die Ordre, die Straßen zu besetzen, und eile selbst, Egmont's Schreiber und die übrigen gefangen zu nehmen, die dir bezeichnet sind. Ist es gethan, so komm' hierher und meld' es meinem Sohne, daß er mir in den Rath[4] die Nachricht bringe.

Silva. Ich hoffe diesen Abend vor dir stehen zu dürfen.

(Alba geht nach seinem Sohne, der bisher in der Galerie gestanden. Leise.)

Ich traue mir es nicht zu sagen, aber meine Hoffnung schwankt. Ich fürchte, es wird nicht werden, wie er denkt.

---

[1] I will secure them. [2] public spirit. [3] something undone. [4] council chamber.

Ich sehe Geister vor mir, die still und sinnend auf schwarzen Schalen¹ das Geschick der Fürsten und vieler Tausende wägen. Langsam schwankt das Züngelein auf und ab; tief scheinen die Richter zu sinnen; zuletzt sinkt diese Schale, steigt jene, angehaucht vom Eigensinn des Schicksals, und entschieden ist's.

(Ab.)

Alba (mit Ferdinand hervortretend). Wie fand'st du die Stadt?

Ferdinand. Es hat sich alles gegeben.² Ich ritt, als wie zum Zeitvertreib, Straß' auf Straß' ab. Eure wohlvertheilten Wachen halten die Furcht so angespannt,³ daß sie sich nicht zu lispeln untersteht. Die Stadt sieht einem Felde ähnlich, wenn das Gewitter von weitem leuchtet; man erblickt keinen Vogel, kein Thier, als das eilend nach einem Schutzorte schlüpft.

Alba. Ist dir nichts weiter begegnet?

Ferdinand. Egmont kam mit einigen auf den Markt geritten; wir grüßten uns; er hatte ein rohes Pferd, das ich ihm loben mußte. „Laßt uns eilen Pferde zuzureiten, wir werden sie bald brauchen!" rief er mir entgegen. Er werde mich noch heute wiedersehen, sagte er, und komme, auf euer Verlangen, mit euch zu rathschlagen.

Alba. Er wird dich wiedersehen.

Ferdinand. Unter allen Rittern, die ich hier kenne, gefällt er mir am besten. Es scheint, wir werden Freunde sein.

Alba. Du bist noch immer zu schnell und wenig behutsam; immer erkenn' ich in dir den Leichtsinn deiner Mutter, der mir sie unbedingt in die Arme lieferte. Zu mancher gefährlichen Verbindung lud dich der Anschein voreilig ein.

Ferdinand Euer Wille findet mich bildsam.

Alba. Ich vergebe deinem⁴ jungen Blute dieß leicht-

---

¹scales. ²all is quiet now. ³in suspense. ⁴on account of your.

sinnige Wohlwollen, diese unachtsame Fröhlichkeit. Nun vergiß nicht, zu welchem Werke ich gesandt bin, und welchen Theil ich dir dran geben möchte.

Ferdinand. Erinnert mich nicht, und schont mich nicht, wo ihr es nöthig haltet.

Alba (nach einer Pause). Mein Sohn!

Ferdinand. Mein Vater!

Alba. Die Fürsten kommen bald, Oranien und Egmont kommen. Es ist nicht Mißtrauen, daß ich dir erst jetzt entdecke, was geschehen soll. Sie werden nicht wieder von hinnen¹ gehen.

Ferdinand. Was sinnst² du?

Alba. Es ist beschlossen, sie festzuhalten. — Du erstaunst! Was du zu thun hast, höre! die Ursachen sollst du wissen, wenn es geschehen ist. Jetzt bleibt keine Zeit, sie auszulegen. Mit dir allein wünsch' ich das Größte, das Geheimste zu besprechen; ein starkes Band hält uns zusammengefesselt; du bist mir werth³ und lieb; auf dich möcht' ich alles häufen. Nicht die Gewohnheit zu gehorchen allein möcht' ich dir einprägen; auch den Sinn⁴ auszudrücken, zu befehlen, auszuführen wünsch' ich in dir fortzupflanzen; dir ein großes Erbtheil, dem Könige den brauchbarsten Diener zu hinterlassen; dich mit dem Besten, was ich habe, auszustatten, daß du dich nicht schämen dürfest, unter deine Brüder zu treten.

Ferdinand. Was werd' ich dir nicht für diese Liebe schuldig, die du mir allein zuwendest, indem⁵ ein ganzes Reich vor dir zittert!

Alba. Nun höre, was zu thun ist. Sobald die Fürsten eingetreten sind, wird jeder Zugang zum Palaste besetzt. Dazu hat Gomez die Ordre. Silva wird eilen, Egmont's Schreiber mit den Verdächtigsten gefangen zu nehmen. Du hältst die Wache am Thore und in den Höfen in Ord-

---

¹ hence. ² what do you intend to do. ³ I esteem. ⁴ faculty ⁵ while.

nung. Vor allen Dingen besetze diese Zimmer hier neben mit den sicherften¹ Leuten; dann warte auf der Galerie, bis Silva wiederkommt, und bringe mir irgend ein unbedeutend Blatt² herein, zum Zeichen, daß sein Auftrag ausgerichtet ist. Dann bleib' im Vorsaale, bis Oranien weggeht; folg' ihm; ich halte Egmont hier, als ob ich ihm noch was zu sagen hätte. Am Ende der Galerie fordre Oranien's Degen, ruf die Wache an, verwahre³ schnell den gefährlichsten Mann; und ich fasse Egmont hier.

Ferdinand. Ich gehorche, mein Vater. Zum erstenmale mit schwerem Herzen und mit Sorge.

Alba. Ich verzeihe dir's: es ist der erste große Tag, den du erlebst.

Silva tritt herein.

Silva. Ein Bote von Antwerpen. Hier ist Oranien's Brief! Er kommt nicht.

Alba. Sagt' es der Bote?

Silva. Nein, mir sagt's das Herz.

Alba. Aus dir spricht mein böser Genius. (Nachdem er den Brief gelesen, winkt er beiden, und sie ziehen sich in die Galerie zurück. Er bleibt allein auf dem Vordertheile.) Er kommt nicht! Bis auf den letzten Augenblick verschiebt er, sich zu erklären. Er wagt es, nicht zu kommen! So war denn dießmal wider Vermuthen der Kluge klug genug, nicht klug zu sein! — Es rückt die Uhr!⁴ Noch einen kleinen Weg des Zeigers, und ein großes Werk ist gethan, oder versäumt, unwiederbringlich versäumt; denn es ist weder nachzuholen⁵ noch zu verheimlichen. Längst hatt' ich alles reiflich abgewogen, und mir auch diesen Fall gedacht, mir festgesetzt, was auch in diesem Falle zu thun sei; und jetzt, da es zu thun ist, wehr' ich mir kaum, daß nicht das Für und Wider mir auf's neue durch die Seele schwankt. — Ist's räthlich, die

---

¹ most trusty. ² chance paper. ³ secure. ⁴ time passe... retrieved.

andern zu fangen, wenn er mir entgeht? Schieb' ich es auf und laß' Egmont mit den Seinigen, mit so vielen entschlüpfen, die nun, vielleicht nur heute noch, in meinen Händen sind? So zwingt dich das Geschick denn auch, du Unbezwinglicher? Wie lang gedacht! Wie wohl bereitet! Wie groß, wie schön der Plan! Wie nah die Hoffnung ihrem Ziele!¹ Und nun im Augenblick des Entscheidens bist du zwischen zwei Uebel gestellt; wie in einen Loostopf,² greifst du in die dunkle Zukunft; was du fassest, ist noch zugerollt,³ dir unbewußt, sei's Treffer⁴ oder Fehler⁵! (Er wird aufmerksam, wie einer, der etwas hört, und tritt an's Fenster.) Er ist es! — Egmont! Trug dich dein Pferd so leicht herein, und scheute vor⁶ dem Blutgeruche nicht, und vor dem Geiste mit dem blanken Schwert, der an der Pforte dich empfängt? — Steig' ab! — So bist du mit dem einen Fuß im Grab! und so mit beiden! — Ja streichl' es nur, und klopfe⁷ für seinen muthigen Dienst zum letztenmale den Nacken ihm! — Und mir bleibt keine Wahl. In der Verblendung, wie hier Egmont naht, kann er dir nicht zum zweitenmal sich liefern! — Hört! (Ferdinand und Silva treten eilig herbei.) Ihr thut, was ich befahl; ich ändre meinen Willen nicht. Ich halte, wie es gehen will,⁸ Egmont auf, bis du mir von Silva die Nachricht gebracht hast. Dann bleib' in der Nähe. Auch dir raubt das Geschick das große Verdienst, des Königs größten Feind mit eigner Hand gefangen zu haben. (Zu Silva.) Eile! (Zu Ferdinand.) Geh' ihm entgegen!⁹ (Alba bleibt einige Augenblicke allein und geht schweigend auf und ab.)

Egmont tritt auf.

Egmont. Ich komme, die Befehle des Königs zu vernehmen, zu hören, welchen Dienst er von unsrer Treue verlangt, die ihm ewig ergeben bleibt.

---

¹accomplishment. ²urn of a lottery. ³folded up. ⁴prize blank. ⁶shy at. ⁷pat. ⁸by any means. ⁹to meet.

Alba. Er wünscht vor allen Dingen euren Rath zu hören.

Egmont. Ueber welchen Gegenstand? Kommt Oranien auch? Ich vermuthete ihn hier.

Alba. Mir thut es leid, daß er uns eben in dieser wichtigen Stunde fehlt.¹ Euern Rath, eure Meinung wünscht der König, wie diese Staaten wieder zu befriedigen. Ja, er hofft, ihr werdet kräftig mitwirken, diese Unruhen zu stillen und die Ordnung der Provinzen völlig und dauerhaft zu gründen.

Egmont. Ihr könnt besser wissen, als ich, daß schon alles genug beruhigt ist, ja noch mehr beruhigt war, eh' die Erscheinung der neuen Soldaten wieder mit Furcht und Sorge die Gemüther bewegte.

Alba. Ihr scheint andeuten zu wollen, das Räthlichste sei gewesen, wenn der König mich gar nicht in den Fall gesetzt hätte, euch zu fragen.

Egmont. Verzeiht! Ob der König das Heer hätte schicken sollen, ob nicht vielmehr die Macht seiner majestätischen Gegenwart allein stärker gewirkt hätte, ist meine Sache² nicht zu beurtheilen. Das Heer ist da, er nicht. Wir aber müßten³ sehr undankbar, sehr vergessen sein, wenn wir uns nicht erinnerten, was wir der Regentin schuldig sind. Bekennen wir, sie brachte durch ihr so kluges, als tapferes Betragen die Aufrührer mit Gewalt und Ansehn, mit Ueberredung und List zur Ruhe, und führte zum Erstaunen der Welt ein rebellisches Volk in wenigen Monaten zu seiner Pflicht zurück.

Alba. Ich läugne es nicht. Der Tumult ist gestillt, und jeder scheint in die Gränzen des Gehorsams zurückgebannt. Aber hängt es nicht von eines jeden Willkür ab, sie zu verlassen?⁴ Wer will das Volk hindern loszubrechen? Wo ist die Macht, sie abzuhalten? Wer bürgt uns, daß sie

---

¹ is absent. ² for me. ³ should. ⁴ overstep.

sich ferner treu und unterthänig zeigen werden? Ihr guter Wille ist alles Pfand, das wir haben.

Egmont. Und ist der gute Wille eines Volks nicht das sicherste, das edelste Pfand? Bei Gott! wann darf sich ein König sicherer halten, als wenn sie alle für Einen, Einer für alle stehen? sicherer gegen innere und äußere Feinde?

Alba. Wir werden uns doch nicht überreden sollen, daß es jetzt hier so steht?

Egmont. Der König schreibe einen Generalpardon aus, er beruhige die Gemüther; und bald wird man sehen, wie Treue und Liebe mit dem Zutrauen wieder zurückkehrt.

Alba. Und jeder, der die Majestät des Königs, der das Heiligthum der Religion geschändet, ginge frei und ledig hin und wieder[1]! lebte den andern zum bereiten Beispiel, daß ungeheure Verbrechen straflos sind!

Egmont. Und ist ein Verbrechen des Unsinns, der Trunkenheit nicht eher[2] zu entschuldigen, als grausam zu bestrafen? Besonders wo so sichre Hoffnung, wo Gewißheit ist, daß die Uebel nicht wiederkehren werden? Waren Könige darum nicht sicherer? werden sie nicht von Welt und Nachwelt gepriesen, die eine Beleidigung ihrer Würde vergeben, bedauern, verachten konnten? werden sie nicht eben deßwegen Gott gleichgehalten, der viel zu groß ist, als daß an ihn jede Lästerung reichen sollte?

Alba. Und eben darum soll der König für die Würde Gottes und der Religion, wir sollen für das Ansehn des Königs streiten.[3] Was der Obere abzulehnen verschmäht, ist unsre Pflicht zu rächen. Ungestraft soll, wenn ich rathe, kein Schuldiger sich freuen.

Egmont. Glaubst du, daß du sie alle erreichen wirst? Hört man nicht täglich, daß die Furcht sie hie- und dahin, sie aus dem Lande treibt? Die Reichsten werden ihre Güter,

---

[1] go unpunished. [2] rather. [3] defend.

sich, ihre Kinder und Freunde flüchten; der Arme wird seine nützlichen Hände dem Nachbar zubringen.

Alba. Sie werden, wenn man sie nicht verhindern kann. Darum verlangt der König Rath und That von jedem Fürsten, Ernst von jedem Statthalter; nicht nur Erzählung, wie es ist, was werden könnte, wenn man alles gehen ließe, wie's geht. Einem großen Uebel zusehen[1], sich mit Hoffnung schmeicheln, der Zeit vertrauen, etwa einmal dreinschlagen,[2] wie im Fastnachtsspiel, daß es klatscht[3] und man doch etwas zu thun scheint, wenn man nichts thun möchte, heißt das nicht sich verdächtig machen, als sehe man dem Aufruhr mit Vergnügen zu, den man nicht erregen, wohl aber hegen[4] möchte.

Egmont (im Begriff aufzufahren, nimmt sich zusammen,[5] und spricht nach einer kleinen Pause gesetzt[6]). Nicht jede Absicht ist offenbar, und manches Mannes Absicht ist zu mißdeuten. Muß man doch auch von allen Seiten hören, es sei des Königs Absicht weniger, die Provinzen nach einförmigen und klaren Gesetzen zu regieren, die Majestät der Religion zu sichern, und einen allgemeinen Frieden seinem Volke zu geben, als vielmehr sie unbedingt zu unterjochen, sie ihrer alten Rechte zu berauben, sich Meister von ihren Besitzthümern zu machen, die schönen Rechte des Adels einzuschränken, um derentwillen der Edle allein ihm dienen, ihm Leib und Leben widmen mag. Die Religion, sagt man, sei nur ein prächtiger Teppich,[7] hinter dem man jeden gefährlichen Anschlag nur desto leichter ausdenkt. Das Volk liegt auf den Knieen, betet die heiligen gewirkten Zeichen[8] an, und hinten lauscht der Vogelsteller, der sie berücken will.

Alba. Das muß ich von d i r hören?

Egmont. Nicht meine Gesinnungen! Nur was bald hier, bald da, von Großen und von Kleinen, Klugen und

---

[1] to view idly. [2] perhaps occasionally strike a blow. [3] you hear a smack. [4] foster. [5] recovers his self-command. [6] **calmly** [7] curtain. [8] sacred, embroidered symbols.

Thoren gesprochen, laut verbreitet wird. Die Niederländer fürchten ein doppeltes Joch, und wer bürgt ihnen für ihre Freiheit?

Alba. Freiheit? ein schönes Wort, wer's recht verstände. Was wollen sie für Freiheit? Was ist des Freiesten Freiheit? — Recht zu thun! — und daran wird sie der König nicht hindern. Nein! nein! sie glauben sich nicht frei, wenn sie sich nicht selbst und andern schaden können. Wäre es nicht besser abzudanken, als ein solches Volk zu regieren? Wenn auswärtige Feinde drängen, an die kein Bürger denkt, der mit dem Nächsten nur beschäftigt ist, und der König verlangt Beistand, dann werden sie uneins unter sich, und verschwören sich[1] gleichsam mit ihren Feinden. Weit besser ist's, sie einzuengen, daß man sie wie Kinder halten, wie Kinder zu ihrem Besten leiten kann. Glaube nur, ein Volk wird nicht alt, nicht klug; ein Volk bleibt immer kindisch.

Egmont. Wie selten kommt[2] ein König zu Verstand! Und sollen sich viele nicht lieber vielen vertrauen als Einem? und nicht einmal dem Einen, sondern den wenigen des Einen, dem Volke, das an den Blicken seines Herrn altert. Das hat wohl allein das Recht klug zu werden.

Alba. Vielleicht eben darum, weil es sich nicht selbst überlassen ist.

Egmont. Und darum niemand gern sich selbst überlassen möchte. Man thue, was man will; ich habe auf deine Frage geantwortet, und wiederhole: Es geht nicht! Es kann nicht gehen! Ich kenne meine Landsleute. Es sind Männer, werth, Gottes Boden zu betreten; ein jeder rund für sich, ein kleiner König, fest, rührig, fähig, treu, an alten Sitten hangend. Schwer ist's, ihr Zutrau'n zu verdienen; leicht, zu erhalten. Starr und fest! Zu drücken sind sie; nicht zu unterdrücken.

Alba (der sich indeß einigemal umgesehen hat). Solltest du das alles in des Königs Gegenwart wiederholen?

---

[1] conspire. [2] attains wisdom.

Egmont. Desto schlimmer, wenn mich seine Gegenwart abschreckte! Desto besser für ihn, für sein Volk, wenn er mir Muth machte, wenn er mir Zutrauen einflößte, noch weit mehr zu sagen.

Alba. Was nützlich ist, kann ich hören, wie er.

Egmont. Ich würde ihm sagen: Leicht kann der Hirt eine ganze Heerde Schafe vor sich hintreiben, der Stier zieht seinen Pflug ohne Widerstand; aber dem edeln Pferde, das du reiten willst, mußt du seine Gedanken ablernen, du mußt nichts Unkluges, nichts unklug von ihm verlangen. Darum wünscht der Bürger seine alte Verfassung zu behalten, von seinen Landsleuten regiert zu sein, weil er weiß, wie er geführt wird, weil er von ihnen Uneigennutz, Theilnehmung an seinem Schicksal hoffen kann.

Alba. Und sollte der Regent nicht Macht haben, dieses alte Herkommen zu verändern? und sollte nicht eben dieß sein schönstes Vorrecht sein? Was ist bleibend[1] auf dieser Welt? Und sollte eine Staatseinrichtung bleiben können? Muß nicht in einer Zeitfolge[2] jedes Verhältniß sich verändern, und eben darum eine alte Verfassung die Ursache von tausend Uebeln werden, weil sie den gegenwärtigen Zustand des Volkes nicht umfaßt? Ich fürchte, diese alten Rechte sind darum so angenehm, weil sie Schlupfwinkel bilden, in welchen der Kluge, der Mächtige zum Schaden des Volks, zum Schaden des Ganzen sich verbergen oder durchschleichen kann.

Egmont. Und diese willkürlichen Veränderungen, diese unbeschränkten Eingriffe[3] der höchsten Gewalt, sind sie nicht Vorboten, daß Einer thun will, was Tausende nicht thun sollen? Er will sich allein frei machen, um jeden seiner Wünsche befriedigen, jeden seiner Gedanken ausführen zu können. Und wenn wir uns ihm, einem guten, weisen Könige, ganz vertrauten, sagt[4] er uns für seine Nachkommen gut, daß keiner ohne Rücksicht, ohne Schonung regieren

---

[1] permanent. [2] course of time. [3] encroachments. [4] warrant

werde? Wer rettet uns alsdann von völliger Willkür, wenn er uns seine Diener, seine Nächsten sendet, die, ohne Kenntniß des Landes und seiner Bedürfnisse, nach Belieben schalten und walten,¹ keinen Widerstand finden, und sich von jeder Verantwortung frei wissen.

Alba (der sich indeß wieder umgesehen hat). Es ist nichts natürlicher, als daß ein König durch sich zu herrschen gedenkt, und denen seine Befehle am liebsten aufträgt,² die ihn am besten verstehen, verstehen wollen, die seinen Willen unbedingt ausrichten.

Egmont. Und eben so natürlich ist's, daß der Bürger von dem regiert sein will, der mit ihm geboren und erzogen ist, der gleichen Begriff mit ihm von Recht und Unrecht gefaßt³ hat³, den er als seinen Bruder ansehen kann.

Alba. Und doch hat der Adel mit diesen seinen Brüdern sehr ungleich getheilt.

Egmont. Das ist vor Jahrhunderten geschehen, und wird jetzt ohne Neid geduldet. Würden aber neue Menschen ohne Noth⁴ gesendet, die sich zum zweitenmale auf Unkosten der Nation bereichern wollten, sähe man sich einer strengen, kühnen, unbedingten Habsucht ausgesetzt, das würde eine Gährung machen, die sich nicht leicht in sich selbst auflös'te.⁵

Alba. Du sagst mir, was ich nicht hören sollte; auch ich bin fremd.

Egmont. Daß ich dir's sage, zeigt dir, daß ich dich nicht meine.

Alba. Und auch so wünscht' ich es nicht von dir zu hören. Der König sandte mich mit⁶ Hoffnung, daß ich hier den Beistand des Adels finden würde. Der König will seinen Willen. Der König hat nach tiefer Ueberlegung gesehen, was dem Volke frommt; es kann nicht bleiben und gehen, wie bisher. Des Königs Absicht ist, sie selbst zu ihrem eignen Besten einzuschränken, ihr eignes Heil, wenn's

---

¹ rule as they please. ² prefers to give. ³ has. ⁴ necessity ⁵ would not subside. ⁶ in the.

sein muß, ihnen aufzudringen, die schädlichen Bürger aufzuopfern, damit die übrigen Ruhe finden, des Glücks einer weisen Regierung genießen zu können. Dieß ist sein Entschluß: diesen dem Adel kund zu machen, habe ich Befehl; und Rath verlang' ich in seinem Namen, w i e es zu thun sei, nicht w a s; denn d a s hat er beschlossen.

Egmont. Leider rechtfertigen deine Worte die Furcht des Volks, die allgemeine Furcht! So hat er denn beschlossen, was kein Fürst beschließen sollte. Die Kraft seines Volks, ihr Gemüth, den Begriff, den sie von sich selbst haben, will er schwächen, niederdrücken, zerstören, um sie bequem regieren zu können. Er will den innern Kern ihrer Eigenheit¹ verderben; gewiß in der Absicht, sie glücklicher zu machen. Er will sie vernichten, damit sie etwas werden, ein ander Etwas. O wenn seine Absicht gut ist, so wird sie mißgeleitet! Nicht dem Könige widersetzt man sich; man stellt sich nur d e m Könige entgegen, der einen falschen Weg zu wandeln die ersten unglücklichen Schritte macht.

Alba. Wie du gesinnt bist,² scheint es ein vergeblicher Versuch, uns vereinigen zu wollen. Du denkst gering³ vom Könige und verächtlich von seinen Räthen, wenn du zweifelst, das alles sei nicht schon gedacht, geprüft, gewogen worden. Ich habe keinen Auftrag, jedes Für und Wider noch einmal durchzugehen. Gehorsam fordre ich von dem Volke — und von euch, ihr Ersten, Edelsten, Rath und That, als Bürgen dieser unbedingten Pflicht.

Egmont. Fordre unsre Häupter, so ist es auf einmal gethan. Ob sich der Nacken diesem Joche biegen, ob er sich vor dem Beile ducken⁴ soll, kann einer edeln Seele gleich sein. Umsonst hab' ich so viel gesprochen: die Luft hab' ich erschüttert, weiter nichts gewonnen.

---

¹ essence of their individuality. ² seeing your disposition. ³ you have a poor idea of. ⁴ bend his head under.

Ferdinand kommt.

Ferdinand. Verzeiht, daß ich euer Gespräch unterbreche. Hier ist ein Brief, dessen Ueberbringer die Antwort dringend macht.

Alba. Erlaubt mir, daß ich sehe, was er enthält. (Tritt an die Seite.)

Ferdinand (zu Egmont). Es ist ein schönes Pferd, das eure Leute gebracht haben, euch abzuholen.

Egmont. Es ist nicht das schlimmste. Ich hab' es schon eine Weile; ich denk' es wegzugeben. Wenn es euch gefällt, so werden wir vielleicht des Handels einig.[1]

Ferdinand. Gut! wir wollen sehen.

(Alba winkt seinem Sohne, der sich in den Grund zurückzieht.)

Egmont. Lebt wohl! Entlaßt mich! denn ich wüßte, bei Gott! nicht mehr zu sagen.

Alba. Glücklich hat dich der Zufall verhindert, deinen Sinn noch weiter zu verrathen. Unvorsichtig entwickelst du die Falten deines Herzens, und klagst dich selbst weit strenger an, als ein Widersacher gehässig thun könnte.

Egmont Dieser Vorwurf rührt mich nicht; ich kenne mich selbst genug, und weiß, wie ich dem Könige angehöre; weit mehr als viele, die in seinem Dienst sich selber dienen. Ungern scheid' ich aus diesem Streite,[2] ohne ihn beigelegt[3] zu sehen, und wünsche nur, daß uns der Dienst des Herrn, das Wohl des Landes bald vereinigen möge. Es wirkt[4] vielleicht ein wiederholtes Gespräch, die Gegenwart der übrigen Fürsten, die heute fehlen, in einem glücklichen Augenblick, was heut unmöglich scheint. Mit dieser Hoffnung entfern' ich mich.

Alba (der zugleich seinem Sohn Ferdinand ein Zeichen giebt). Halt', Egmont! — Deinen Degen! — (Die Mittelthür öffnet sich; man sieht die Galerie mit Wache besetzt, die unbeweglich bleibt.)

Egmont (der staunend eine Weile geschwiegen). Dieß war die

---

[1] strike a bargain. [2] discussion. [3] adjusted. [4] accomplishes

Absicht? Dazu haſt du mich berufen? (Nach dem Degen greifend, als wenn er ſich vertheidigen wollte.) Bin ich denn wehrlos?

Alba. Der König befiehlt's, du biſt mein Gefangner. (Zugleich treten von beiden Seiten Gewaffnete herein.)

Egmont (nach einer Stille). Der König? — Oranien! Oranien! (nach einer Pauſe, ſeinen Degen hingebend). So nimm ihn! Er hat weit öfter des Königs Sache vertheidigt, als dieſe Bruſt beſchützt. (Er geht durch die Mittelthür ab: die Gewaffneten, die im Zimmer ſind, folgen ihm, ingleichen Alba's Sohn. Alba bleibt ſtehen.[1] Der Vorhang fällt.)

---

[1] remains.

Fünfter Aufzug.

Straße.

Dämmerung.

Clärchen. Brackenburg. Bürger.

Brackenburg. Liebchen,[1] um Gottes willen, was nimmst du vor?
Clärchen. Komm' mit, Brackenburg! Du mußt die Menschen nicht kennen; wir[2] befreien ihn gewiß.[2] Denn was gleicht ihrer Liebe zu ihm? Jeder fühlt, ich schwör' es, in sich die brennende Begier, ihn zu retten, die Gefahr von einem kostbaren Leben abzuwenden, und dem Freiesten die Freiheit wiederzugeben. Komm'! Es fehlt nur an der Stimme, die sie zusammenruft. In ihrer Seele lebt noch ganz frisch, was sie ihm schuldig sind. Und daß sein mächtiger Arm allein von ihnen das Verderben abhält, wissen sie. Um seinet= und ihretwillen müssen sie alles wagen. Und was wagen wir? Zum höchsten unser Leben, das zu erhalten nicht der Mühe werth ist, wenn er umkommt.
Brackenburg. Unglückliche! Du siehst nicht die Gewalt, die uns mit ehrnen Banden gefesselt hat.

---
[1] darling.   [2] we are sure to.

Clärchen. Sie scheint mir nicht unüberwindlich. Laß uns nicht lang vergebliche Worte wechseln!¹ Hier kommen von den alten, redlichen, wackern Männern! Hört, Freunde! Nachbarn, hört! — Sagt, wie ist es mit Egmont!

Zimmermeister. Was will das Kind? Laß sie schweigen!

Clärchen. Tretet näher, daß wir sachte reden, bis wir einig sind und stärker. Wir dürfen nicht einen Augenblick versäumen! Die freche Tyrannei, die es wagt, ihn zu fesseln, zuckt² schon den Dolch, ihn zu ermorden. O Freunde! mit jedem Schritt der Dämmerung werd' ich ängstlicher. Ich fürchte diese Nacht. Kommt! wir wollen uns theilen; mit schnellem Lauf von Quartier³ zu Quartier rufen wir die Bürger heraus. Ein jeder greife zu seinen alten Waffen. Auf dem Markte treffen wir uns wieder, und unser Strom reißt einen jeden mit sich fort. Die Feinde sehen sich umringt und überschwemmt, und sind erdrückt. Was kann uns eine Hand voll Knechte widerstehen? Und er in unsrer Mitte kehrt zurück, sieht sich befreit, und kann uns einmal danken, uns, die wir ihm so tief verschuldet worden. Er sieht vielleicht — gewiß, er sieht das Morgenroth am freien Himmel wieder.

Zimmermeister. Wie ist dir,⁴ Mädchen?

Clärchen. Könnt ihr mich mißverstehen? Vom Grafen sprech' ich! Ich spreche von Egmont.

Jetter. Nennt den Namen nicht! Er ist tödtlich.

Clärchen. Den Namen nicht! Wie? Nicht diesen Namen? Wer nennt ihn nicht bei jeder Gelegenheit? Wo steht er nicht geschrieben? In diesen Sternen hab' ich oft mit allen seinen Lettern ihn gelesen. Nicht nennen? Was soll das?⁵ Freunde! Gute, theure Nachbarn, ihr träumt; besinnt euch! Seht mich nicht so starr und ängstlich an! Blickt nicht schüchtern hie und da bei Seite! Ich ruf' euch ja nur zu,

---

¹ waste the time with idle words. ² has uplifted. ³ ward ⁴ what spirit possesses you. ⁵ what do you mean.

was jeder wünscht. Ist meine Stimme nicht eures Herzens eigene Stimme? Wer würfe sich¹ in dieser bangen Nacht, eh' er sein unruhvolles Bette besteigt, nicht auf die Kniee, ihn mit ernstlichem Gebet vom Himmel zu erringen²? Fragt euch einander! frage jeder sich selbst! und wer spricht mir³ nicht nach³: „Egmont's Freiheit oder den Tod!"

Jetter. Gott bewahr' uns! Da giebt's ein Unglück.

Clärchen. Bleibt! Bleibt, und drückt' euch nicht vor seinem Namen weg, dem ihr euch sonst so froh entgegendrängtet! — Wenn der Ruf ihn ankündigte, wenn es hieß: „Egmont kommt! Er kommt von Gent!" da hielten die Bewohner der Straßen sich glücklich, durch die er reiten mußte. Und wenn ihr seine Pferde schallen⁵ hörtet, warf jeder seine Arbeit hin, und über die bekümmerten Gesichter, die ihr durch's Fenster stecktet, fuhr⁶ wie ein Sonnenstrahl von seinem Angesichte ein Blick der Freude und Hoffnung. Da hobt ihr eure Kinder auf der Thürschwelle in die Höhe und deutetet⁷ ihnen: „Sieh, das ist Egmont, der größte da! Er ist's! Er ist's, von dem ihr bessere Zeiten, als eure armen Väter lebten, einst zu erwarten habt." Laßt eure Kinder nicht dereinst euch fragen: „Wo ist er hin? Wo sind die Zeiten hin, die ihr versprach?" — Und so wechseln wir Worte! sind müßig, verrathen ihn.

Soest. Schämt euch, Brackenburg! Laßt sie nicht gewähren⁸! Steuert dem Unheil!⁹

Brackenburg. Liebes Clärchen! wir wollen gehen! Was wird die Mutter sagen? Vielleicht —

Clärchen. Meinst du, ich sei ein Kind, oder wahnsinnig? Was kann vielleicht? — Von dieser schrecklichen Gewißheit bringst¹⁰ du mich mit keiner Hoffnung weg¹⁰. — Ihr sollt mich hören, und ihr werdet: denn ich seh's, ihr seid bestürzt und könnt euch selbst in eurem Busen nicht

---

¹ would not fall. ² obtain. ³ as I do. ⁴ shrink. ⁵ the clatter of his horses feet. ⁶ flashed. ⁷ taught. ⁸ don't allow her to talk thus. ⁹ let her not do any mischief. ¹⁰ you cannot remove.

wiederfinden. Laßt durch die gegenwärtige Gefahr nur Einen Blick in das Vergangne dringen, das kurz Vergangne. Wendet eure Gedanken nach der Zukunft. Könnt ihr denn leben? werdet ihr, wenn er zu Grunde geht? Mit seinem Athem flieht der letzte Hauch der Freiheit. Was war er euch? Für wen übergab er sich der dringendsten Gefahr? Seine Wunden flossen[1] und heilten nur für euch. Die große Seele, die euch alle trug, beschränkt ein Kerker, und Schauer tückischen Mordes schweben um sie her. Er denkt vielleicht an euch, er hofft auf euch, er, der nur zu geben, nur zu erfüllen gewohnt war.

Zimmermeister. Gevatter, kommt!

Clärchen. Und ich habe nicht Arme, nicht Mark, wie ihr; doch hab' ich, was euch allen eben fehlt, Muth und Verachtung der Gefahr. Könnt' euch mein Athem doch entzünden! könnt' ich an meinen Busen drückend euch erwärmen und beleben! Kommt! In eurer Mitte will ich gehen! — Wie eine Fahne wehrlos ein edles Heer von Kriegern wehend[2] anführt, so soll mein Geist um eure Häupter flammen, und Liebe und Muth das schwankende, zerstreute Volk zu einem fürchterlichen Heer vereinigen.

Jetter. Schaff' sie bei Seite[3]! sie dauert mich.

(Bürger ab.)

Brackenburg. Clärchen! siehst du nicht, wo wir sind?

Clärchen. Wo? Unter dem Himmel, der so oft sich herrlicher zu wölben[4] schien, wenn der Edle unter ihm herging. Aus diesen Fenstern haben sie herausgesehen, vier, fünf Köpfe übereinander; an diesen Thüren haben sie gescharrt und genickt[5] wenn er auf die Memmen herabsah. O ich hatte sie so lieb, wie sie ihn ehrten! Wäre er Tyrann gewesen, möchten sie immer vor seinem Fall seitwärts gehn. Aber sie liebten ihn! — O ihr Hände, die ihr an die Mützen grifft,[6] zum Schwert könnt ihr nicht greifen! — Brackenburg, und wir? — Schelten wir sie? — Diese Arme, die ihn

---

[1] bled. [2] floating upon the breeze. [3] take her away. [4] span its arch. [5] scraped and nodded. [6] touched.

so oft fest hielten, was thun sie für ihn? — List hat in der Welt so viel erreicht. — Du kennst Wege und Stege¹, kennst das alte Schloß. Es ist nichts unmöglich, gieb mir einen Anschlag.²

Brackenburg. Wenn wir nach Hause gingen!

Clärchen. Gut.

Brackenburg. Dort an der Ecke seh' ich Alba's Wache; laß doch die Stimme der Vernunft dir zu Herzen dringen. Hältst du mich für feig? Glaubst du nicht, daß ich um deinetwillen sterben könnte? Hier sind wir beide toll, ich so gut wie du. Siehst du nicht das Unmögliche? Wenn du dich faßtest³! Du bist außer dir.⁴

Clärchen. Außer mir! Abscheulich! Brackenburg, ihr seid außer euch. Da ihr laut den Helden verehrtet, ihn Freund und Schutz und Hoffnung nanntet, ihm Vivat rieft, wenn er kam; da stand ich in meinem Winkel, schob das Fenster halb auf, verbarg mich lauschend, und das Herz schlug mir höher, als euch allen. Jetzt schlägt mir's wieder höher, als euch allen! Ihr verbergt euch, da es Noth ist,⁵ verläugnet ihn, und fühlt nicht daß ihr untergeht, wenn er verdirbt.

Brackenburg. Komm' nach Hause!

Clärchen. Nach Hause?

Brackenburg. Besinne dich nur! Sieh dich um! Dieß sind die Straßen, die du nur sonntäglich betratst, durch die du sittsam nach der Kirche gingst, wo du übertrieben ehrbar zürntest, wenn ich mit einem freundlichen grüßenden Wort mich zu dir gesellte. Du stehst und redest, handelst vor den Augen der offnen Welt; besinne dich, Liebe! Wozu hilft es uns?⁶

Clärchen. Nach Hause! Ja, ich besinne mich. Komm', Brackenburg, nach Hause! Weißt du, wo meine Heimath ist?

(Ab.)

---

¹ every street und alley. ² suggest a plan. ³ compose yourself, do. ⁴ beside yourself. ⁵ when he is in need. ⁶ can it do us any good.

Gefängniß,

durch eine Lampe erhellt, ein Ruhebett im Grunde.

Egmont allein.

Alter Freund! immer getreuer Schlaf, fliehst du mich auch, wie die übrigen Freunde? Wie willig senktest du dich auf mein freies Haupt herunter, und fühltest, wie ein schöner Myrtenkranz der Liebe, meine Schläfe! Mitten unter Waffen, auf der Woge des Lebens, ruht' ich leicht athmend, wie ein aufquellender¹ Knabe, in deinen Armen. Wenn Stürme durch Zweige und Blätter saus'ten, Ast und Wipfel sich knirrend² bewegten, blieb innerst doch der Kern des Herzens ungeregt. Was schüttelt dich nun? was erschüttert den festen, treuen Sinn? Ich fühl's, es ist der Klang der Mordaxt, die an meiner Wurzel nascht.³ Noch steh' ich aufrecht, und ein innrer Schauer durchfährt mich. Ja, sie überwindet, die verrätherische Gewalt; sie untergräbt den festen, hohen Stamm, und eh' die Rinde dorrt, stürzt krachend und zerschmetternd deine Krone.

Warum denn jetzt, der du so oft gewalt'ge Sorgen gleich Seifenblasen dir vom Haupte weggewiesen, warum vermagst du nicht die Ahnung zu verscheuchen, die tausendfach in dir sich auf- und niedertreibt? Seit wann begegnet⁴ der Tod dir fürchterlich? mit dessen wechselnden Bildern, wie mit den übrigen Gestalten der gewohnten Erde, du gelassen lebtest. — Auch ist er's nicht, der rasche Feind, dem die gesunde Brust wetteifernd sich entgegensehnt; der Kerker ist's, des Grabes Vorbild,⁵ dem Helden wie dem Feigen widerlich. Unleidlich ward mir's schon auf meinem gepolsterten Stuhle, wenn in stattlicher Versammlung die Fürsten, was leicht zu entscheiden war, mit wiederkehrenden Gesprächen überlegten, und zwischen düstern Wänden eines Saals die Balken der Decke

---

¹ a blooming boy. ² creaking. ³ is laid at the root. ⁴ is ⁵ image.

mich erdrückten. Da eilt' ich fort, sobald es möglich war, und rasch auf's Pferd mit tiefem Athemzuge. Und frisch hinaus, da wo wir hingehören[1]! in's Feld, wo aus der Erde dampfend jede nächste[3] Wohlthat der Natur, und durch die Himmels[5] wehend[4] alle Segen der Gestirne uns umwittern;[2] wo wir, dem erdgebornen Riesen gleich, von der Berührung[7] unsrer Mutter kräftiger uns in die Höhe reißen[6]; wo wir die Menschheit ganz, und menschliche Begier in allen Adern fühlen; wo das Verlangen vorzudringen, zu besiegen, zu erhaschen, seine Faust zu brauchen, zu besitzen, zu erobern, durch die Seele des jungen Jägers glüht; wo der Soldat sein angebornes Recht auf alle Welt mit raschem Schritt[9] sich anmaßt,[8] und in fürchterlicher Freiheit wie ein Hagelwetter durch Wiese, Feld und Wald verderbend streicht,[10] und keine Gränzen kennt, die Menschenhand gezogen.

Du bist nur Bild, Erinnrungstraum[11] des Glücks, das ich so lang besessen; wo hat dich das Geschick verrätherisch hingeführt? Versagt es dir den nie gescheuten[12] Tod im Angesicht der Sonne rasch zu gönnen, um dir des Grabes Vorgeschmack im ekeln Moder[13] zu bereiten? Wie haucht er mich aus diesen Steinen widrig an! Schon starrt[14] das Leben, vor dem Ruhebette wie vor dem Grabe scheut[15] der Fuß. —

O Sorge! Sorge! die du vor der Zeit den Mord beginnst, laß ab! — Seit wann ist Egmont denn allein, so ganz allein in dieser Welt? Dich macht der Zweifel fühllos, nicht das Glück. Ist die Gerechtigkeit des Königs, der du lebenslang vertrautest, ist der Regentin Freundschaft, die fast (du darfst es dir gestehen) fast Liebe war, sind sie auf einmal, wie ein glänzend Feuerbild[16] der Nacht, verschwunden? und lassen dich allein auf dunkelm Pfad zurück? Wird an der Spitze deiner Freunde Oranien nicht wagend sinnen?

---

[1] where we are at home. [2] we are in contact with. [3] primitive. [4] wafted. [5] air. [6] leap up. [7] contact. [8] usurps. [9] course. [10] rushes. [11] shadowy recollection. [12] shunned. [13] corruption. [14] stagnates. [15] shrinks from. [16] meteor.

Wird nicht dein Volk sich sammeln und mit anschwellender Gewalt den alten Freund erretten?

O haltet,[1] Mauern, die ihr mich einschließt, so vieler Geister wohlgemeintes Drängen nicht von mir ab[1]! und welcher Muth aus meinen Augen sonst sich über s i e ergoß, der kehre nun aus i h r e n Herzen in meines wieder! O ja, sie rühren sich[2] zu Tausenden! sie kommen! stehen mir zur Seite! Ihr frommer Wunsch eilt dringend[3] zu dem Himmel, er bittet um ein Wunder. Und steigt zu meiner Rettung nicht ein Engel nieder, so seh' ich sie nach Lanz' und Schwertern greifen. Die Thore spalten sich, die Gitter springen[4], die Mauer stürzt vor ihren Händen ein, und der Freiheit des einbrechenden Tages steigt Egmont fröhlich entgegen. Wie manch bekannt Gesicht empfängt mich jauchzend! Ach Clärchen, wärst du Mann, so säh' ich dich gewiß auch hier zuerst und dankte dir, was einem Könige zu danken hart ist, Freiheit.

Clärchen's Haus.

Clärchen
(kommt mit einer Lampe und einem Glas Wasser aus der Kammer, sie setzt das Glas auf den Tisch und tritt an's Fenster).

Brackenburg? Seid ihr's? Was hört' ich denn? noch niemand? Es war niemand! Ich will die Lampe in's Fenster setzen, daß er sieht, ich wache noch, ich warte noch auf ihn. Er hat mir Nachricht versprochen. Nachricht? Entsetzliche Gewißheit! — Egmont verurtheilt! — Welch Gericht darf ihn fordern[5]? und sie verdammen ihn! Der König verdammt ihn? oder der Herzog? Und die Regentin entzieht sich? Oranien zaudert, und alle seine Freunde! — — Ist dieß die Welt, von deren Wankelmuth, Unzuver-

---

[1] separate me. [2] stir. [3] fervently. [4] are broken. [5] summon

läſſigkeit ich viel gehört und nichts empfunden habe? Iſt
dieß die Welt? — Wer wäre bös' genug, den Theuern
anzufeinden? Wäre Bosheit mächtig genug, den allgemein
Erkannten ſchnell zu ſtürzen¹? Doch iſt es ſo — es iſt! —
O Egmont, ſicher hielt ich dich vor Gott und Menſchen,
wie in meinen Armen! Was war ich dir? Du haſt mich
d e i n genannt, mein ganzes Leben widmete ich deinem
Leben. — Was bin ich nun? Vergebens ſtreck' ich nach
der Schlinge, die dich faßt, die Hand aus. Du hülflos
und ich frei! — Hier iſt der Schlüſſel zu meiner Thüre.
An meiner Willkür hängt mein Gehen und mein Kommen,
und dir bin ich zu nichts!² — — O bindet mich, damit
ich nicht verzweifle; und werft mich in den tiefſten Kerker,
daß ich das Haupt an feuchte Mauern ſchlage³, nach Freiheit winſ'le,⁴ träume, wie ich ihm helfen wollte, wenn Feſſeln
mich nicht lähmten, wie ich ihm helfen würde. — Nun
bin ich frei, und in der Freiheit liegt die Angſt der Ohn-
macht. — Mir ſelbſt bewußt,⁵ nicht fähig, ein Glied nach
ſeiner Hülfe zu rühren. Ach leider, auch der kleine Theil
von deinem Weſen, dein Clärchen, iſt wie du gefangen,
und regt⁶ getrennt im Todeskrampfe nur die letzten Kräfte.ᶜ
Ich höre ſchleichen,⁷ huſten — Brackenburg — er iſt's! —
Elender guter Mann, dein Schickſal bleibt ſich immer gleich;
dein Liebchen öffnet dir die nächtliche Thür', und ach, zu
welch unſeliger Zuſammenkunft!

Brackenburg tritt auf.

Clärchen. Du kommſt ſo bleich und ſchüchtern, Brackenburg! was iſt's?

Brackenburg. Durch Umwege⁸ und Gefahren ſuch' ich
dich auf. Die großen Straßen ſind beſetzt; durch Gäßchen
und durch Winkel hab' ich mich zu dir geſtohlen.

---

¹ ruin. ² of no assistance. ³ dash. ⁴ groan. ⁵ in full conscious
ness. ⁶ wastes her last energies. ⁷ stealthy step. ⁸ by-ways.

Clärchen. Erzähl', wie ist's?

Brackenburg (indem er sich setzt). Ach Cläre, laß mich weinen! Ich lieb' ihn nicht. Er war der reiche Mann und lockte des Armen einziges Schaf zur bessern Weide herüber. Ich hab' ihn nie verflucht; Gott hat mich treu geschaffen und weich. In Schmerzen floß mein Leben von mir nieder, und zu verschmachten hofft' ich jeden Tag.

Clärchen. Vergiß das, Brackenburg! Vergiß dich selbst! Sprich mir von ihm! Ist's wahr! Ist er verurtheilt?

Brackenburg. Er ist's[1]! ich weiß es ganz genau.

Clärchen. Und lebt noch?

Brackenburg. Ja, er lebt noch.

Clärchen. Wie willst du das versichern? — Die Tyrannei ermordet in der Nacht den Herrlichen! vor allen Augen verborgen fließt sein Blut. Aengstlich im Schlafe liegt das betäubte Volk, und träumt von Rettung, träumt ihres ohnmächtigen Wunsches Erfüllung; indeß unwillig über uns sein Geist die Welt verläßt. Er ist dahin! — Täusche mich nicht! dich nicht!

Brackenburg. Nein gewiß, er lebt! — Und leider, es bereitet der Spanier dem Volke, das er zertreten will, ein fürchterliches Schauspiel, gewaltsam jedes Herz, das nach Freiheit sich regt, auf ewig zu zerknirschen.[2]

Clärchen. Fahre fort und sprich gelassen auch mein Todesurtheil aus! Ich wandle[3] den seligen Gefilden[4] schon näher und näher,[3] mir weht der Trost aus jenen Gegenden schon herüber. Sag' an!

Brackenburg. Ich konnt' es an den Wachen merken,[5] aus Reden[6], die bald da bald dort fielen, daß auf dem Markte geheimnißvoll ein Schreckniß zubereitet werde. Ich schlich durch Seitenwege, durch bekannte Gänge nach meines Vettern Hause, und sah aus einem Hinterfenster nach dem

---

[1] he is. [2] crush. [3] I approach more and more. [4] the blessed land. [5] the position of the guards convinced me. [6] words.

Markte. — Es wehten Fackeln in einem weiten Kreise
Spanischer Soldaten hin und wieder. Ich schärfte mein
ungewohntes Auge, und aus der Nacht stieg mir ein schwar=
zes Gerüst entgegen, geräumig, hoch; mir graus'te vor dem
Anblick. Geschäftig waren viele rings umher bemüht,¹ was
noch von Holzwerk weiß und sichtbar war, mit schwarzem
Tuch einhüllend zu verkleiden.² Die Treppen deckten sie
zuletzt auch schwarz, ich sah es wohl. Sie schienen die
Weihe eines gräßlichen Opfers vorbereitend zu begehen.³ Ein
weißes Crucifix, das durch die Nacht wie Silber blinkte,
ward an der einen Seite hoch aufgesteckt.⁴ Ich sah, und sah
die schreckliche Gewißheit immer gewisser. Noch wankten⁵
Fackeln hie und da herum;⁵ allmählig wichen sie und erloschen.
Auf einmal war die scheußliche Geburt der Nacht in ihrer
Mutter Schooß zurückgekehrt.

 Clärchen. Still, Brackenburg! Nun still! Laß diese
Hülle⁶ auf meiner Seele ruhn! Verschwunden sind die Ge=
spenster, und du, holde Nacht, leih' deinen Mantel der
Erde, die in sich gährt; sie trägt nicht länger die abscheu=
liche Last, reißt ihre tiefen Spalten grausend auf, und
knirscht⁷ das Mordgerüst hinunter.⁷ Und irgend einen Engel
sendet der Gott, den sie zum Zeugen ihrer Wuth geschändet;
vor des Boten heiliger Berührung lösen sich Riegel und
Bande, und er umgießt⁸ den Freund mit mildem Schimmer;
er führt ihn durch die Nacht zur Freiheit sanft und still.
Und auch mein Weg geht heimlich in dieser Dunkelheit, ihm
zu begegnen.

 Brackenburg (sie aufhaltend). Mein Kind, wohin?
was wagst du?

 Clärchen. Leise, Lieber, daß niemand erwache! daß
wir uns selbst nicht wecken! Kennst du dieß Fläschchen,
Brackenburg? Ich nahm dir's scherzend, als du mit über=

---

¹ engaged. ² cover. ³ make all preparations for. ⁴ planted.
⁵ moved about. ⁶ veil. ⁷ swallows. ⁸ envelops.

eiltem¹ Tod oft ungeduldig drohteſt. — Und nun, mein Freund —

Brackenburg. In aller Heiligen Namen! —

Clärchen. Du hinderſt nichts. Tod iſt mein Theil! und gönne mir den ſanften, ſchnellen Tod, den du dir ſelbſt bereitetest. Gieb mir deine Hand! — Im Augenblick, da ich die dunkle Pforte eröffne, aus der kein Rückweg iſt, könnt' ich mit dieſem Händedruck dir ſagen, wie ſehr ich dich geliebt, wie ſehr ich dich bejammert! Mein Bruder ſtarb mir jung; dich wählt' ich, ſeine Stelle zu erſetzen.² Es widerſprach³ dein Herz; und quälte ſich und mich, verlangteſt heiß und immer heißer, was dir nicht beſchieden war.⁴ Vergieb mir und leb' wohl! Laß mich dich Bruder nennen! Es iſt ein Name, der viel Namen in ſich faßt. Nimm die letzte ſchöne Blume der Scheidenden mit treuem Herzen ab — nimm dieſen Kuß! — Der Tod vereinigt alles, Brackenburg; uns denn auch.

Brackenburg. So laß mich mit dir ſterben! Theile! Theile! Es iſt genug, zwei Leben auszulöſchen.

Clärchen. Bleib'⁵! du ſollſt leben, du kannſt leben. — Steh' meiner Mutter bei, die ohne dich in Armuth ſich verzehren würde⁶! Sei ihr, was ich ihr nicht mehr ſein kann! lebt zuſammen, und beweint mich)! Beweint das Vaterland, und den, der es allein erhalten⁷ konnte! Das heutige Geſchlecht⁸ wird dieſen Jammer nicht los,⁹ die Wuth der Rache ſelbſt vermag ihn nicht zu tilgen.¹⁰ Lebt, ihr Armen, die Zeit noch hin,¹¹ die keine Zeit mehr iſt. Heut ſteht die Welt auf einmal ſtill; es ſtockt¹² ihr Kreislauf, und mein Puls ſchlägt kaum noch wenige Minuten. Leb' wohl!

Brackenburg. O lebe du mit uns, wie für dich allein! Du tödteſt uns in dir, o leb' und leide! Wir wollen unzer-

---

¹ precipitate. ² fill his place. ³ rebelled. ⁴ what destiny had denied you. ⁵ stay. ⁶ would waste away. ⁷ save. ⁸ the present generation. ⁹ see the end of this calamity. ¹⁰ efface. ¹¹ on. ¹² pauses.

trennlich dir zu beiden Seiten stehen, und immer achtsam soll die Liebe den schönsten Trost in ihren lebendigen Armen dir bereiten. Sei unser! unser! Ich darf nicht sagen, mein.

Clärchen. Leise, Brackenburg! Du fühlst nicht, was du rührst. Wo Hoffnung dir erscheint, ist mir Verzweiflung.

Brackenburg. Theile mit den Lebendigen die Hoffnung! Verweil' am Rande des Abgrunds, schau' hinab und sieh auf uns zurück!

Clärchen. Ich hab' überwunden; ruf' mich nicht wieder zum Streit!

Brackenburg. Du bist betäubt, gehüllt in Nacht suchst du die Tiefe. Noch ist nicht jedes Licht erloschen, noch mancher Tag! —

Clärchen. Weh! über dich Weh! Weh! Grausam zerreißest du den Vorhang¹ vor meinem Auge. Ja, er wird grauen, der Tag! vergebens alle Nebel um sich ziehn und wider Willen grauen! Furchtsam schaut der Bürger aus seinem Fenster, die Nacht läßt einen schwarzen Flecken zurück; er schaut, und fürchterlich wächs't im Lichte das Mordgerüst. Neuleidend wendet das entweihte Gottesbild sein flehend Auge zum Vater auf. Die Sonne wagt sich nicht hervor;² sie will die Stunde nicht bezeichnen, in der er sterben soll. Träge gehen die Zeiger ihren Weg, und eine Stunde nach der andern schlägt. Halt! halt! Nun ist es Zeit! mich scheucht³ des Morgens Ahnung⁴ in das Grab.

(Sie tritt an's Fenster, als sähe sie sich um, und trinkt heimlich.)

Brackenburg. Cläre! Cläre!

Clärchen (geht nach dem Tische und trinkt das Wasser). Hier ist der Rest! Ich locke dich nicht nach. Thu', was du darfst, leb' wohl! Lösche diese Lampe still und ohne Zaudern; ich geh' zur Ruhe. Schleiche dich sachte weg, ziehe die Thür nach dir zu. Still! Wecke meine Mutter nicht! Geh', rette dich! Rette dich! wenn du nicht mein Mörder scheinen willst. (Ab.)

---

¹ veil. ² out. ³ sends. ⁴ dawn.

Brackenburg. Sie läßt mich zum letztenmale, wie immer. O könnte eine Menschenseele fühlen, wie sie ein liebend Herz zerreißen kann. Sie läßt mich stehn, mir selber überlassen; und Tod und Leben ist mir gleich verhaßt. — Allein zu sterben! — Weint, ihr Liebenden! Kein härter Schicksal ist als meins! Sie theilt mit mir den Todestropfen, und schickt mich weg! von ihrer Seite weg! Sie zieht mich nach, und stößt in's Leben mich zurück. O Egmont! welch preiswürdig Loos fällt dir! Sie geht voran; der Kranz des Siegs aus ihrer Hand ist dein, sie bringt den ganzen Himmel dir entgegen! — Und soll ich folgen? wieder seitwärts stehn? den unauslöschlichen Neid in jene Wohnungen hinübertragen? — Auf Erden ist kein Bleiben mehr für mich, und Höll' und Himmel bieten gleiche Qual. Wie wäre der Vernichtung Schreckenshand dem Unglückseligen willkommen!

(Brackenburg geht ab, das Theater bleibt einige Zeit unverändert. Eine Musik, Clärchen's Tod bezeichnend, beginnt; die Lampe, welche Brackenburg auszulöschen vergessen, flammt noch einigemal auf, dann erlischt sie. Bald verwandelt sich der Schauplatz in das)

Gefängniß.

Egmont liegt schlafend auf dem Ruhebette. Es entsteht ein Gerassel mit Schlüsseln, und die Thüre thut sich auf. Diener mit Fackeln treten herein; ihnen folgt Ferdinand, Alba's Sohn, und Silva, begleitet von Gewaffneten. Egmont fährt aus dem Schlaf auf.

Egmont. Wer seid ihr, die ihr mir unfreundlich den Schlaf von den Augen schüttelt? Was künden eure trotzigen, unsichern Blicke mir an? Warum diesen fürchterlichen Aufzug[1]? Welchen Schreckenstraum kommt ihr der halberwachten Seele vorzulügen?

Silva. Uns schickt der Herzog, dir dein Urtheil anzukündigen.

---

[1] parade.

Egmont. Bringst du den Henker auch mit, es zu vollziehen?

Silva. Vernimm es, so wirst du wissen, was deiner wartet.[1]

Egmont. So ziemt es euch und euerm schändlichen Beginnen![2] In Nacht gebrütet und in Nacht vollführt. So mag diese freche That der Ungerechtigkeit sich verbergen! — Tritt kühn hervor, der du das Schwert verhüllt unter dem Mantel trägst; hier ist mein Haupt, das freieste, das je die Tyrannei vom Rumpf gerissen.

Silva. Du irrst! Was gerechte Richter beschließen, werden sie vor'm Angesicht des Tages nicht verbergen.

Egmont. So übersteigt[3] die Frechheit jeden Begriff und Gedanken!

Silva (nimmt einem Dabeistehenden das Urtheil ab, entfaltet's und liest). „Im Namen des Königs und kraft besonderer von Seiner Majestät uns übertragenen Gewalt, alle seine Unterthanen, weß Standes sie seien, zugleich die Ritter des goldenen Vließes zu richten, erkennen[4] wir —"

Egmont. Kann die der König übertragen?

Silva. „Erkennen wir, nach vorgängiger, genauer, gesetzlicher Untersuchung, dich Heinrich Grafen Egmont, Prinzen von Gaure, des Hochverraths schuldig, und sprechen das Urtheil[5]: daß du mit der Frühe des einbrechenden Morgens aus dem Kerker auf den Markt geführt, und dort vor'm Angesicht des Volks zur Warnung aller Verräther mit dem Schwerte vom Leben zum Tode gebracht werden sollest. Gegeben Brüssel am"

(Datum und Jahrzahl werden undeutlich gelesen, so daß sie der Zuhörer nicht versteht.)

Ferdinand, Herzog von Alba, Vorsitzer
des Gerichts der Zwölfe."

Du weißt nun dein Schicksal; es bleibt dir wenige Zeit, dich

---

[1] what awaits you.   [2] proceedings.   [3] exceeds.   [4] find.   [5] pass this sentence.

drein zu ergeben,¹ dein Haus zu bestellen² und von den Deinigen Abschied zu nehmen.

(Silva mit dem Gefolge geht ab. Es bleibt Ferdinand und zwei Fackeln; das Theater ist mäßig erleuchtet.

Egmont hat eine Weile, in sich versenkt, stille gestanden, und Silva, ohne sich umzusehen, abgehen lassen. Er glaubt sich allein, und da er die Augen aufhebt, erblickt er Alba's Sohn). Du stehst und bleibst? Willst du mein Erstaunen, mein Entsetzen noch durch deine Gegenwart vermehren? Willst du noch etwa die willkommene Botschaft deinem Vater bringen, daß ich unmännlich verzweifle? (Geh'! Sag' ihm! Sag' ihm, daß er weder mich noch die Welt belügt. Ihm, dem Ruhmsüchtigen, wird man es erst hinter den Schultern leise lispeln, dann laut und lauter sagen, und wenn er einst von diesem Gipfel herabsteigt, werden tausend Stimmen es ihm entgegenrufen: Nicht das Wohl des Staats, nicht die Würde des Königs, nicht die Ruhe der Provinzen haben ihn hieher gebracht. Um sein selbst willen hat er Krieg gerathen, daß der Krieger im Kriege gelte.³ Er hat diese ungeheure Verwirrung erregt, damit man seiner bedürfe. Und ich falle ein Opfer seines niedrigen Hasses, seines kleinlichen⁴ Neides. Ja, ich weiß es, und ich darf es sagen, der Sterbende, der tödtlich Verwundete kann es sagen: mich hat der Eingebildete beneidet; mich wegzutilgen⁵ hat er lange gesonnen und gedacht. Schon damals, als wir, noch jünger, mit Würfeln spielten, und die Haufen Goldes, einer nach dem andern, von seiner Seite zu mir herübereilten, da stand er grimmig, log⁶ Gelassenheit, und innerlich verzehrte ihn die Aergerniß, mehr über mein Glück als über seinen Verlust. Noch erinnere ich mich des funkelnden⁷ Blicks, der verrätherischen Blässe, als wir an einem öffentlichen Feste vor vielen tausend Menschen um die Wette schossen.⁸ Er forderte mich auf,⁹ und beide Nationen standen; die Spanier, die Niederländer wet-

---

¹ resign yourself. ² to settle your domestic affairs. ³ have authority. ⁴ contemptible. ⁵ destroy. ⁶ affected. ⁷ glaring. ⁸ had a shooting match. ⁹ challenged me.

reten und wünschten. Ich überwand ihn: seine Kugel irrte,[1] die meine traf; ein lauter Freudenschrei der Meinigen durch=
brach[2] die Luft. Nun trifft mich sein Geschoß. Sag' ihm, daß ich's weiß, daß ich ihn kenne, daß die Welt jede Siegs=
zeichen verachtet, die ein kleiner Geist erschleichend sich aufrichtet. Und du, wenn einem Sohne möglich ist von der Seite des Vaters zu weichen[3], übe beizeiten die Scham, in= dem du dich für den schämst, den du gerne von ganzem Herzen verehren möchtest!

Ferdinand. Ich höre dich an, ohne dich zu unter= brechen! Deine Vorwürfe lasten wie Keulschläge auf einen Helm; ich fühle die Erschütterung, aber ich bin bewaffnet. Du triffst mich, du verwundest mich nicht; fühlbar ist mir allein der Schmerz, der mir den Busen zerreißt. Wehe mir! Wehe! Zu einem solchen Anblick bin ich aufgewachsen, zu einem solchen Schauspiele bin ich gesendet!

Egmont. Du brichst in Klagen aus? Was rührt, was bekümmert dich? Ist eine späte Reue, daß du der schänd= lichen Verschwörung deinen Dienst geliehen? Du bist so jung und hast ein glückliches Ansehn.[4] Du warst so zutrau= lich, so freundlich gegen mich. So lang ich dich sah, war ich mit deinem Vater versöhnt. Und eben so verstellt[5], ver= stellter als er, locktst du mich in das Netz. Du bist der Ab= scheuliche! Wer ihm traut, mag er es auf seine Gefahr thun, aber wer fürchtete Gefahr, dir zu vertrauen? Geh'! Geh'! Raube mir nicht die wenigen Augenblicke! Geh', daß ich mich sammle, die Welt, und dich zuerst vergesse! —

Ferdinand. Was soll ich dir sagen? Ich stehe und sehe dich an, und sehe dich nicht und fühle mich nicht. Soll ich mich entschuldigen? Soll ich dir versichern, daß ich erst spät, erst ganz zuletzt des Vaters Absichten erfuhr, daß ich als ein gezwungenes, ein lebloses[6] Werkzeug seines Willens handelte? Was fruchtet's, welche Meinung du von mir

---

[1] missed. [2] rent. [3] desert. [4] prepossessing appearance [5] deceitful. [6] passiv.

haben magst? Du bist verloren, und ich Unglücklicher stehe nur da, um's dir zu versichern, um dich zu bejammern.

Egmont. Welche sonderbare Stimme, welch ein unerwarteter Trost begegnet mir auf dem Wege zum Grabe? Du, Sohn meines ersten, meines fast einzigen Feindes, du bedauerst mich, du bist nicht unter meinen Mördern? Sage, rede! Für wen soll ich dich halten?

Ferdinand. Grausamer Vater! Ja, ich erkenne dich in diesem Befehle. Du kanntest mein Herz, meine Gesinnung, die du so oft als Erbtheil einer zärtlichen Mutter schaltest. Mich dir gleich zu bilden, sandtest du mich hierher. Diesen Mann am Rande des gähnenden Grabes, in der Gewalt eines willkürlichen Todes zu sehen zwingst du mich, daß ich den tiefsten Schmerz empfinde, daß ich taub gegen alles Schicksal, daß ich unempfindlich werde, es geschehe mir, was wolle.

Egmont. Ich erstaune! Fasse dich! Stehe, rede wie ein Mann!

Ferdinand. O daß ich ein Weib wäre! daß man mir sagen könnte: was rührt dich? was ficht dich an¹? Sage mir ein größeres, ein ungeheureres Uebel, mache mich zum Zeugen einer schrecklichern That, ich will dir danken, ich will dir sagen: Es war nichts.

Egmont. Du verlierst dich². Wo bist du?

Ferdinand. Laß diese Leidenschaft rasen, laß mich losgebunden klagen³! Ich will nicht standhaft scheinen, wenn alles in mir zusammenbricht. Dich soll ich hier sehen? — Dich! — es ist entsetzlich! Du verstehst mich nicht! Und sollst du mich verstehen? Egmont! Egmont! (Ihm um⁴ den Hals fallend).

Egmont. Löse⁵ mir das Geheimniß!

Ferdinand. Kein Geheimniß.

Egmont. Wie bewegt dich so tief das Schicksal eines fremden Mannes?

---

¹ what gives you pain. ² you lose your self-command. ³ let me deplore without constraint. ⁴ upon. ⁵ explain

Ferdinand. Nicht fremd! Du bist mir nicht fremd. Dein Name war's, der mir in meiner ersten Jugend gleich einem Stern des Himmels entgegenleuchtete. Wie oft hab' ich dir gehorcht, gefragt! Des Kindes Hoffnung ist der Jüngling, des Jünglings der Mann. So bist du vor mir hergeschritten; immer vor,[1] und ohne Neid sah ich dich vor, und schritt dir nach, und fort[2] und fort. Nun hofft' ich endlich dich zu sehen, und sah dich, und mein Herz flog dir entgegen. Dich hatt' ich mir bestimmt,[3] und wählte dich auf's neue, da ich dich sah. Nun hofft' ich erst[4] mit dir zu sein, mit dir zu leben, dich zu fassen, dich — Das ist nun alles weggeschnitten, und ich sehe dich h i e r!

Egmont. Mein Freund, wenn es dir wohl[5] thun kann, so nimm die Versicherung, daß im ersten Augenblick mein Gemüth dir entgegenkam. Und höre mich! Laß uns ein ruhiges Wort unter einander wechseln.[6] Sage mir: Ist es der strenge, ernste Wille deines Vaters, mich zu tödten?

Ferdinand. Er ist's.

Egmont. Dieses Urtheil wäre nicht ein leeres Schreckbild,[7] mich zu ängstigen, durch Furcht und Drohung zu strafen, mich zu erniedrigen, und dann mit königlicher Gnade mich wieder aufzuheben?

Ferdinand. Nein, ach leider nein! Anfangs schmeichelte ich mir selbst mit dieser ausweichenden[8] Hoffnung; und schon da[9] empfand ich Angst und Schmerz, dich in diesem Zustande zu sehen. Nun ist es wirklich, ist gewiß. Nein, ich regiere mich nicht. Wer giebt mir eine Hülfe, wer einen Rath, dem Unvermeidlichen zu entgehen?

Egmont. So höre mich! Wenn deine Seele so gewaltsam dringt,[10] mich zu retten, wenn du die Uebermacht verabscheust, die mich gefesselt hält, so rette mich! Die Augenblicke sind kostbar. Du bist des Allgewaltigen Sohn,

---

[1] always leading. [2] onward. [3] I had devoted myself to you. [4] now more than ever. [5] comfort you. [6] have [7] horrible phantom. [8] delusive. [9] even then. [10] urges you.

und selbst gewaltig. — Laß uns entfliehen! Ich kenne die
Wege; die Mittel können dir nicht unbekannt sein. Nur
diese Mauern, nur wenige Meilen entfernen¹ mich von mei=
nen Freunden. Löse diese Bande, bringe mich zu ihnen und
sei unser! Gewiß, der König dankt dir dereinst meine Ret=
tung. Jetzt ist er überrascht, und vielleicht ist ihm alles un=
bekannt. Dein Vater wagt; und die Majestät muß das
Geschehene billigen, wenn sie sich auch davor entsetzet. Du
denkst? O denke mir den Weg der Freiheit aus! Sprich,
und nähre die Hoffnung der lebendigen Seele!

Ferdinand. Schweig'! o schweige! Du vermehrst mit
jedem Wort meine Verzweiflung. Hier ist kein Ausweg,
kein Rath, keine Flucht. — Das quält mich, das greift und
faßt mir wie mit Klauen die Brust. Ich habe selbst das
Netz zusammengezogen; ich kenne die strengen,² festen Knoten;
ich weiß, wie jeder Kühnheit, jeder List die Wege verrennt³
sind; ich fühle mich mit dir und mit allen andern gefesselt.
Würde ich klagen, hätte ich nicht alles versucht? Zu seinen
Füßen habe ich gelegen, geredet und gebeten. Er schickte mich
hierher, um alles, was von Lebenslust und Freude mit mir
lebt, in diesem Augenblicke zu zerstören.

Egmont. Und keine Rettung?

Ferdinand. Keine!

Egmont (mit dem Fuße stampfend). Keine Rettung! —
— Süßes Leben! schöne freundliche Gewohnheit des Da=
seins und Wirkens! von dir soll ich scheiden! so gelassen
scheiden! Nicht im Tumulte der Schlacht, unter dem Ge=
räusch⁴ der Waffen, in der Zerstreuung des Getümmels giebst
du mir ein flüchtiges⁵ Lebewohl; du nimmst keinen eiligen
Abschied, verkürzest nicht den Augenblick der Trennung. Ich
soll deine Hand fassen, dir noch einmal in die Augen sehen,
deine Schöne, deinen Werth recht lebhaft fühlen und dann
mich entschlossen losreißen und sagen: Fahre hin!

---

¹separate. ²strong. ³every avenue is barred. ⁴clashing.
⁵hasty.

Ferdinand. Und ich soll daneben stehen, zusehen, dich nicht halten, nicht hindern können! O welche Stimme reichte¹ zur Klage! Welches Herz flösse² nicht aus seinen Banden vor diesem Jammer?

Egmont. Fasse dich!

Ferdinand. Du kannst dich fassen, du kannst entsagen, den schweren Schritt an der Hand der Nothwendigkeit heldenmäßig gehen. Was kann ich? Was soll ich? Du überwindest dich selbst und uns; du überstehst; ich überlebe dich und mich selbst. Bei der Freude des Mahls hab' ich mein Licht, im Getümmel der Schlacht meine Fahne verloren. Schal, verworren, trüb scheint mir die Zukunft.

Egmont. Junger Freund, den ich durch ein sonderbares Schicksal zugleich gewinne und verliere, der für mich die Todesschmerzen empfindet, für mich leidet, sieh mich in diesen Augenblicken an! du verlierst mich nicht. War dir mein Leben ein Spiegel, in welchem du dich gerne betrachtetest, so sei es auch mein Tod! Die Menschen sind nicht nur zusammen, wenn sie beisammen³ sind; auch der Entfernte, der Abgeschiedene lebt uns. Ich lebe dir, und habe mir genug gelebt. Eines jeden Tages hab' ich mich gefreut; an jedem Tage mit rascher Wirkung⁴ meine Pflicht gethan, wie mein Gewissen mir sie zeigte. Nun endigt sich das Leben, wie es sich früher, früher, schon auf dem Sande von Gravelingen hätte endigen können. Ich höre auf zu leben, aber ich habe gelebt. So leb' auch du, mein Freund, gern und mit Lust, und scheue den Tod nicht!

Ferdinand. Du hättest dich für uns erhalten können, erhalten sollen. Du hast dich selber getödtet. Oft hört' ich, wenn kluge Männer über dich sprachen, feindselige, wohlwollende, sie stritten lang über deinen Werth; doch endlich vereinigten sie sich, keiner wagt' es zu läugnen, jeder gestand: ja, er wandelt einen gefährlichen Weg. Wie oft

---

¹ what word could express such a grief. ² melt. ³ assembled. ⁴ prompt action.

wünsch' ich dich warnen zu können! Hattest du denn keine Freunde?

Egmont. Ich war gewarnt.

Ferdinand. Und wie ich punktweise[1] alle diese Beschuldigungen wieder in der Anklage[2] fand, und deine Antworten! Gut genug, dich zu entschuldigen; nicht triftig[3] genug, dich von der Schuld zu befreien[4] —

Egmont. Dieß sei bei Seite gelegt! Es glaubt der Mensch, sein Leben zu leiten,[5] sich selbst zu führen, und sein Innerstes wird unwiderstehlich nach seinem Schicksale gezogen.[6] Laß uns darüber nicht sinnen! dieser Gedanken entschlag'[7] ich mich leicht — schwerer der Sorge für dieses Land! doch auch dafür wird gesorgt sein. Kann mein Blut für viele fließen, meinem Volke Friede bringen, so fließt es willig. Leider wird's nicht so werden. Doch es ziemt dem Menschen, nicht mehr zu grübeln, wo er nicht mehr wirken soll. Kannst du die verderbende Gewalt deines Vaters aufhalten, lenken, so thu's! Wer wird das können? — Leb' wohl!

Ferdinand. Ich kann nicht gehen.

Egmont. Laß meine Leute dir auf's beste empfohlen sein! Ich habe gute Menschen zu Dienern: daß sie nicht zerstreut, nicht unglücklich werden? Wie steht es um[8] Richard, meinen Schreiber?

Ferdinand. Er ist dir vorangegangen. Sie haben ihn als Mitschuldigen des Hochverraths enthauptet.

Egmont. Arme Seele! — Noch eins,[9] und dann leb' wohl! ich kann nicht mehr. Was auch den Geist gewaltsam beschäftigt, fordert die Natur zuletzt doch unwiderstehlich ihre Rechte, und wie ein Kind, umwunden von der Schlange,[10] des erquickenden Schlafs genießt, so legt der Müde sich noch einmal vor der Pforte des Todes nieder und ruht tief aus.[11]

---

[1] one after the other. [2] indictment. [3] valid. [4] exculpate. [5] direct. [6] controlled. [7] dismiss such reflections. [8] what will be the fate of. [9] one word more. [10] even in the coils of the serpent. [11] takes a sound rest.

als ~~ er einen weiten Weg zu wandern hätte. — Noch eins! Ich kenne ein Mädchen; du wirst sie nicht verachten, weil sie mein war. Nun ich sie dir empfehle, sterb' ich ruhig. Du bist ein edler Mann; ein Weib, das den findet, ist geborgen. Lebt mein alter Adolph? ist er frei?

Ferdinand. Der muntre Greis, der euch zu Pferde immer begleitete?

Egmont. Derselbe.

Ferdinand. Er lebt, er ist frei.

Egmont. Er weiß ihre Wohnung; laß dich von ihm führen, und lohn' ihm bis an sein Ende, daß er dir den Weg zu diesem Kleinode zeigt. — Leb' wohl!

Ferdinand. Ich gehe nicht.

Egmont (ihn nach der Thüre drängend). Leb' wohl!

Ferdinand. O laß mich noch!

Egmont. Freund, keinen Abschied.

(Er begleitet Ferdinanden bis an die Thüre und reißt sich dort von ihm los. Ferdinand, betäubt, entfernt sich eilend.)

Egmont (allein). Feindseliger Mann! Du glaubtest nicht, mir diese Wohlthat durch deinen Sohn zu erzeigen. Durch ihn bin ich der Sorgen los und der Schmerzen, der Furcht und jedes ängstlichen Gefühls. Sanft und dringend fordert die Natur ihren letzten Zoll.[1] Es ist vorbei, es ist beschlossen! Und was die letzte Nacht mich ungewiß auf meinem Lager wachend hielt, das schläfert[2] nun mit unbezwinglicher Gewißheit meine Sinne ein.[2]

(Er setzt sich auf's Ruhebett. Musik.)

Süßer Schlaf! Du kommst wie ein reines Glück, ungebeten, unerfleht, am willigsten. Du lösest die Knoten der strengen Gedanken, vermischest alle Bilder der Freude und des Schmerzes, ungehindert fließt der Kreis innerer Harmonien, und, eingehüllt in gefälligen Wahnsinn,[3] versinken wir und hören auf zu sein.

---

[1] tribute. [2] lulls me asleep. [3] fond delusion.

(Er entschläft; die Musik begleitet seinen Schlummer. Hinter seinem Lager scheint sich die Mauer zu eröffnen, eine glänzende Erscheinung zeigt sich. Die Freiheit in himmlischem Gewande, von einer Klarheit¹ umflossen, ruht auf einer Wolke. Sie hat die Züge von Clärchen, und neigt sich gegen *en schlafenden Helden. Sie drückt eine bedauernde Empfindung aus, sie scheint ihn zu bellagen. Bald faßt sie sich, und mit aufmunternder Geberde zeigt sie ihm das Bündel Pfeile, dann den Stab mit dem Hute. Sie heißt² ihn froh sein, und indem sie ihm andeutet, daß sein Tod den Provinzen die Freiheit verschaffen werde, erkennt³ sie ihn als Sieger, und reicht ihm einen Lorbeerkranz. Wie sie sich mit dem Kranze dem Haupte nahet, macht Egmont eine Bewegung, wie einer, der sich im Schlafe regt, dergestalt, daß er mit dem Gesicht aufwärts gegen sie liegt. Sie hält den Kranz über seinem Haupte schwebend: man hört ganz von weitem eine kriegerische Musik von Trommeln und Pfeifen: bei dem leisesten⁴ Laut derselben verschwindet die Erscheinung. Der Schall wird stärker. Egmont erwacht; das Gefängniß wird vom Morgen⁵ mäßig erhellt. Seine erste Bewegung ist, nach dem Haupte zu greifen;⁶ er steht auf und sieht sich um, indem er die Hand auf dem Haupte behält.)

Verschwunden ist der Kranz! Du schönes Bild, das Licht des Tages hat dich verscheuchet! Ja, sie waren's, sie waren vereint, die beiden süßesten Freuden meines Herzens. Die göttliche Freiheit, von meiner Geliebten borgte sie die Gestalt; das reizende Mädchen kleidete sich in der Freundin himmlisches Gewand. In einem ernsten Augenblick erscheinen sie vereinigt, ernster als lieblich. Mit blutbefleckten Sohlen trat sie vor mir auf, die wehenden Falten des Saumes mit Blut befleckt. Es war mein Blut und vieler Edeln Blut. Nein, es war nicht umsonst vergossen! Schreitet durch⁷! Braves Volk! Die Siegesgöttin führt dich an! Und wie das Meer durch eure Dämme bricht, so brecht, so reißt den Wall der Tyrannei zusammen, und schwemmt⁸ ersäufend sie von ihrem Grund, den sie sich anmaßt, weg!

(Trommeln näher.)

Horch! Horch! Wie oft rief mich dieser Schall zum freien Schritt⁹ nach dem Felde des Streits und des Siegs! Wie munter traten¹⁰ die Gefährten auf der gefährlichen, rühmlichen Bahn! Auch ich schreite einem ehrenvollen Tode aus

---

¹ a glory. ² bids. ³ hails. ⁴ first. ⁵ dawn of morning. ⁶ move his hands. ⁷ onward. ⁸ sweep them away. ⁹ glorious march. ¹⁰ advanced.

diesem Kerker entgegen; ich sterbe für die Freiheit, für die ich lebte und focht, und der ich mich jetzt leidend opfre.

(Der Hintergrund wird mit einer Reihe Spanischer Soldaten besetzt, welche Hellebarden tragen.)

Ja, führt sie nur zusammen! Schließt eure Reihen,¹ ihr schreckt mich nicht. Ich bin gewohnt, vor Speeren gegen Speere zu stehen, und, rings umgeben von dem drohenden Tod, das muthige Leben nur doppelt rasch zu fühlen.

(Trommeln.)

Dich schließt der Feind von allen Seiten ein! Es blinken² Schwerter. Freunde, höhern Muth! Im Rücken³ habt ihr Eltern, Weiber, Kinder!

(Auf die Wache zeigend.)

Und diese treibt ein hohles Wort des Herrschers, nicht ihr Gemüth. Schützt eure Güter! Und euer Liebstes zu erretten, fallt freudig, wie ich euch ein Beispiel gebe!

(Trommeln. Wie er auf die Wache los⁴ und auf die Hinterthüre zu geht,⁴ fällt der Vorhang; die Musik fällt ein und schließt mit einer Siegessymphonie das Stück.)

---

¹ ranks. ² flash. ³ behind you. ⁴ advances.